文化馆与公共文化服务论

张 强 / 著

西南交通大学出版社
·成 都·

图书在版编目（CIP）数据

文化馆与公共文化服务论 / 张强著. —成都：西
南交通大学出版社，2018.3
ISBN 978-7-5643-6054-2

Ⅰ. ①文… Ⅱ. ①张… Ⅲ. ①文化馆 – 群众文化 – 文
化工作 – 研究 – 中国 Ⅳ. ①G249.23

中国版本图书馆 CIP 数据核字（2018）第 025490 号

文化馆与公共文化服务论

张 强 著

责 任 编 辑	武雅丽	
封 面 设 计	原谋书装	
出 版 发 行	西南交通大学出版社 （四川省成都市二环路北一段 111 号 西南交通大学创新大厦 21 楼）	
发行部电话	028-87600564　028-87600533	
邮 政 编 码	610031	
网　　　址	http://www.xnjdcbs.com	
印　　　刷	成都中永印务有限责任公司	
成 品 尺 寸	170 mm×230 mm	
印　　　张	8.25　　　　字　　数　　135 千	
版　　　次	2018 年 3 月第 1 版　印　次　2018 年 3 月第 1 次	
书　　　号	ISBN 978-7-5643-6054-2	
定　　　价	49.00 元	

目录
CONTENTS

总论
公共文化服务与地方传统文化艺术传承创新

公共文化服务体系制度是我国一项创新性制度，相关研究刚刚展开，而地方传统文化艺术与公共文化服务之间的关系属于公共文化服务体系建设中一个较小的子系统，故相关研究与论述国内外均较为鲜见，仅见于零星报道。本书以地方传统文化艺术的传承创新为着眼点，以相关实践案例为线索，以文化发生、发展规律为坐标，深度梳理地方传统文化艺术与公共文化服务体系建设之间的辩证关系和互动机理，得出具有普遍意义的实践理论。

一、基本概念

（一）公共文化服务

1. 公共文化服务概念

公共文化是指由政府主导、社会参与形成的普及文化知识、传播先进文化、提供精神食粮，满足人民群众文化需求，保障人民群众基本文化权益的各种公益性文化机构和服务的总和。它满足全社会共同需要的文化形态，是以全体公众为服务对象，向所有公民免费公开的文化。

公共文化服务体系如同教育服务、社会保障、医疗卫生体系一样，是政府职能的重要部分。目前，理论界对"公共文化服务体系"的概念仍未形成统一的界定和表述，根据大多数学者的界定，公共文化服务体系是政府公共服务体系的重要组成部分，旨在实现和维护公民基本文化权利、保障文化发展的社会主义方向，满足公民公共文化需求的公共文化产品和文化服务的公共服务体系。公共文化服务体系的构成主体包括：公共文化服务的主体和对象、公共文化基础设施、公共文化产品的内容、公共文化产品的提供等。

2. 公共文化服务特征

（1）非营利性。政府所提供的公共文化服务，要以公益性为基础。政府最基本的功能和职责，就是提供公共性的制度供给和产品供给。我们必须基于社会全体成员的共同利益，以普遍实现公共文化权益为准则，追求社会效益的最大化，体现公共文化服务的公益性。服务主体的非营利性，决定了政府建设公共文化服务体系的价值基础就是实现公益性。

（2）包容性。政府所提供的公共文化服务，要惠及全体公民，为全体公民所普遍享有。公共文化服务具有打破地域差别、年龄界限和身份差距的内在规定性；享受基本的公共文化服务，是现代社会公民理应具有的基本权利之一。服务的包容性，决定了政府建设公共文化服务体系的本质就是包容广泛的公民性。

（3）多样性。政府所提供的公共文化服务内容因地域、发展水平和公民需求的差异，而呈现多样化、多方面和多层次等特点。政府在提供公共文化服务时，需要因地、因时、因人制宜，不否定差别和个性，不搞"一把尺子量到底"的文化服务标准，不搞"一刀切"的整齐划一的建设模式，而是分类指导、梯次推进、特色化地建设公共文化服务体系。这种多样性的服务体系建设，恰恰是促进公共文化服务体系均等化发展的必然路径。因此，服务内容的多样性，决定了政府建设公共文化服务体系的重要原则就是实现内容和形态的多样化。

（3）非差异性。政府所提供的公共文化服务，其根本目标在于向全社会提供公平、均等的基本公共文化服务，使全体公民平等享有基本文化权利的保障。人民既是文化的创造者，又是文化的享有者，政府提供公共文化服务的出发点和落脚点是没有差异的。因此，服务目标的非差异性，决定了政府建设公共文化服务体系的根本目标就是实现最大化的均等性。

（二）地方传统文化艺术

1. 中国传统文化的概念

关于中华传统文化，360百科的表述为：中华传统文化，是中华文明成果根本的创造力，是民族历史上道德传承、各种文化思想、精神观念形态的总体。中华传统文化是以老子道德文化为本体，以儒家、庄子、墨子的思想、道家文化为主体等多元文化融通和谐包容的实体系。

对于中国优秀传统文化中"优秀"的含义，一般从以下两个方面进行衡量和判定：一是是否有利于推动中国特色社会主义的建设事业，是否有利于建设和形成中国特色社会主义的道德体系；二是是否促进个人身心发展，是否有利于现代人更好地适应和创造现代生活。

通过对中国传统文化的了解和认知，运用马克思主义哲学分析方法，笔者认为可以简单地将中国优秀传统文化理解为，将具体的物态、制度、行为和心态文化还原到特定历史环境中，对当时及长远的社会发展起到积极作用的即为优秀传统文化，起到消极作用或阻碍社会发展的即为糟粕文化。

2. 地方传统文化的概念

地方传统文化是一个地区民众在长期生活实践中所形成的群体意识、价值观念、精神风貌、行为规范、管理方法和艺术文化产品的总和。它与当地历史、民风、民俗、地域紧密联系，对内具有共性，对外具有个性，有着鲜明的地域特色，并对当地的政治、经济、社会活动产生隐性却深刻的影响。研究表明，有的区域的传统文化具有天然的促进社会发展的功能，有些区域的传统文化却制约着当地社会的发展。地方传统文化的表现方式主要通过地方习俗、民间戏剧、传说、曲艺等得以流传，并为当地人所喜闻乐见。

3. 非物质文化遗产的概念

联合国教科文组织在其发布的《保护非物质文化遗产公约》（以下简称《公约》）中定义为："指被各社区、群体，有时是个人，视为其文化遗产组成部分的各种社会实践、观念表述、表现形式、知识、技能以及相关的工具、实物、手工艺品和文化场所。"国务院《关于加强文化遗产保护的通知》中指出："非物质文化遗产是指各种以非物质形态存在的与群众生活密切相关、世代相承的传统文化表现形式，包括口头传统、传统表演艺术、民俗活动和礼仪与节庆、有关自然界和宇宙的民间传统知识和实践、传统手工艺技能等以及与上述传统文化表现形式相关的文化空间。"依照上述两定义，非物质文化遗产应该包含以下几方面的内容：口头传说和表述，包括作为非物质文化遗产媒介的语言；传统表演艺术；社会风俗、礼仪、节庆；关于自然界和宇宙的民间传统知识和实践；传统的手工艺技能等。

二、构建公共文化服务体系的重要作用

伴随公共文化服务的发展，对公共文化服务体系应有的功能认识也在不断深化。目前大部分的学者对公共文化服务体系的重要作用的认识还不够深入，认为文化权利的满足是构建公共文化服务体系的关键，公共文化服务应该以公民基本文化权利的满足为标准。笔者通过对构建公共文化服务体系的重要作用进行分析，认为保障文化权利，还应保护与传承地方特色文化，为地方文化产业发展创造平台，以为后期的研究提供更为宽广的视野，并以此为主线贯穿全书，形成全书的核心，也是研究现代公共文化服务体系的逻辑起点。

（一）公共文化具有引领时代思想，推动社会发展的作用

社会主义核心价值观的主要内容：富强、民主、文明、和谐，自由、平等、公正、法治，爱国、敬业、诚信、友善。文化应该具有强大的思想引领力，能够树立和弘扬全社会广泛认同的核心价值观，引导全社会养成更加高雅的审美趣味和更加积极、健康的生活方式，培育和形成更加良好的社会风气。它应该在满足人民群众文化需求的基础上，提高人民群众的科学文化素质，激发人们对更高精神文化的需求，应该加快发展文化产业，推动文化产业与旅游、体育、信息、物流、建筑等产业融合发展，使文化对经济发展产生更大的推动作用，使全民族的精神风貌更加昂扬向上。

（二）公共文化服务具有培养公民思想道德品质（健全人格）的作用

公共文化服务的根本目的就是培养公民道德、公民素质和公民品质，使其成为一个有教养的人，珍爱自由、平等，自尊并尊重他人，有尊严，崇尚

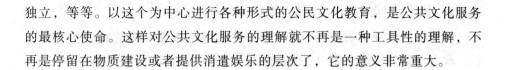

独立，等等。以这个为中心进行各种形式的公民文化教育，是公共文化服务的最核心使命。这样对公共文化服务的理解就不再是一种工具性的理解，不再是停留在物质建设或者提供消遣娱乐的层次了，它的意义非常重大。

三、公共文化服务和地方传统文化艺术的辩证关系

笔者认为，地方传统文化艺术与公共文化服务体系建设之间有如下辩证关系：一方面地方传统文化艺术可以为公共文化服务提供接地气的、民众喜闻乐见的内容形式；一方面公共文化服务体系可以为地方传统文化艺术提供最好的空间和平台。

（一）地方传统文化为现代公共文化服务体系提供丰富的文化资源

我国有着丰富的特色文化资源，特色文化内容、形式多样，拥有广泛的群众基础，保护地方特色文化有利于为现代公共文化服务体系的构建提供丰富的内容，将地方特色文化纳入现代公共文化服务体系将有利于地方特色文化的保护与传承。

1. 传统文化可丰富公共文化的产品内涵

现代公共文化产品不仅包括看电影、赏演出、听广播、阅读报刊等，在农村及一些边远地区，传统戏曲演绎的中华美德具有生生不息的生命力和感染力，戏曲等传统表演形式至今仍是最受老百姓欢迎的文化产品之一。无论是生产创作还是文化消费。

2. 传统文化可拓展公共文化的空间

公共文化空间不能单纯理解为公共图书馆、博物馆等馆舍，一座充满历史底蕴并开放的城市亦是公共文化空间。各地在旧城改造时，应将丰富的历史文化遗存转化为公共文化设施资源，如近代的工业遗址可改建成为当地百姓休闲、娱乐、旅游的公共文化新空间。

3. 传承传统文化可引导社会力量参与

传承传统文化为社会力量参与现代公共文化服务体系建设提供了新路径。政府是保护传统文化的主体，但不是唯一主体，民间力量特别是文化志愿者参与传统文化资源的挖掘和保护，可以推动自我保护、自我管理、自我开发等良性机制的形成。而社会力量参与的方式可以多样化，比如流动文化服务，可以文化大篷车、流动博物馆、流动非遗展示的形式为载体，实现优秀传统文化进社区、进校园、进工地。

4. 地方传统特色文化可为公共文化打造品牌

地方公共文化品牌是反映一个地方的名片之一，是传播地方特色文化的有效方式。为增强公共文化服务供给内容的多样性和价值，同时保护与传承地方特色文化，政府可通过制定政策、发放文件等方式在公共文化服务中嵌入地方特色文化，通过政府的强大力量整合与引导公共文化品牌的创建。依托地方特色文化打造公共文化品牌，不仅可以增强公共文化服务的吸引力，提升公众对公共文化服务的满意度，同时也可保护传承地方传统特色文化。

（二）公共文化服务体系是地方传统文化艺术传承创新的重要平台和载体

现代公共文化服务体系的建立和完善，有利于传承发展优秀传统文化，有利于坚持中国特色社会主义文化发展道路，也有利于加快推动优秀传统文化的转化运用、宣传教育、普及推广。发展地方传统文化艺术，必须善于借助日益完善的公共文化设施网络体系、公共文化产品和服务体系、组织实施和保障体系，通过创造性转化和创新性发展，对传统文化的思想、观念、内容进行梳理甄别，实现扬弃继承，并具体到研究阐释、文物保护、文艺创作、宣传教育、文化交流等方面上，实现融合发展。而现代公共文化服务体系，也应注重对历史文化、民俗文化、本土文化的挖掘和传承，为群众提供多渠道、多层次的文化产品和服务。因此，公共文化服务体系是地方传统文化艺术传承创新的重要平台，二者的互融、互通、互动对于繁荣民族文化、丰富人民精神生活、完善公共文化服务体系、传承创新传统文化，具有极大的推动作用。

（三）现代公共文化服务体系利于保护地方传统文化多元性

地方特色文化是地方具有历史艺术价值的文物和各种非物质形态的传统文化的统一表现形式。将地方特色文化纳入文化资源保护的范畴，可以将地方特色文化的产品形式和精神实质传递给群众，使人民群众共享地方特色文化的成果，实现公众对特色文化的欣赏权利。通过公共文化产品的形式使得地方特色文化得到保护与传承，使更多区域之外的人了解并喜欢这些特色文化，即促进了不同文化的交流，也保存了文化的多元性。公共文化服务和文化产品的提供承载着构建民族精神文化家园、绵延中华民族文化血脉的文化使命，使民众对我国传统文化精神架构和文化谱系都有了较为深刻的认识，从而对区域、民族、国家产生浓厚的认同和文化自信，最终真正实现文化的大发展大繁荣。

四、公共文化服务和地方传统文化艺术实践的互动机理

在理论层面，公共文化服务和地方传统文化艺术是相融、相通，互相促进发展的，地方传统文化艺术可为公共文化服务提供接地气的、民众喜闻乐见的内容，同时，地方传统文化艺术要实现发展、创新和传承，就必须依托公共文化服务体系这个载体和舞台。本书以国内其他地区和遂宁市的相关实践探索为例，研究具体运作层面上二者之间的互动机理和融合融通路径及效果，为公共文化服务体系的构建和地方传统文化艺术的传承提供借鉴。

（一）国内其他地区实践探索案例

1. 宁波市依托群众艺术馆发展民间艺术

"群星展厅"是宁波市群众艺术馆免费开放的文化艺术品牌项目，是百姓艺术亮相的平台。"王爱国根雕艺术展""杨明明工笔画作品展"等展览，不但为多年在民间艺术领域默默耕耘而又无力办展的"草根艺术家"无偿提供了展示的平台，也为市民了解宁波本地深厚的文化底蕴和丰富的文化创造提

供了方便。"群星展厅"是视觉人才推介的空间，宁波市群众艺术馆"农民艺术之星系列作品展""企业艺术系列展"等活动，成功地推介了一批视觉艺术人才。"群星展厅"又是草根社团的展示窗口，宁波市群众艺术馆结合"特色基层辅导示范点"工作，加大对余姚、慈溪、奉化、象山等地的18家基层文化示范点当地群众的书法、美术、摄影等创作辅导力度，鼓励他们出作品、出成果。

2. 苏州市吴江区公共文化服务与传统文化紧密结合的运作方式

近年来，吴江以不断满足人民群众日益增长的精神文化需求为出发点，大力开展"非遗"惠民活动，丰富群众精神文化生活，使得非物质文化遗产保护和公共文化服务体系建设紧密结合。一是强调政府主体。健全完善政府统一领导、相关部门分工负责、社会团体积极参与的管理体制和工作机制。增强对各种传统文化保护和发展资源的协调能力，也增强了传统文化保护和发展成果惠及全体人民群众的服务能力；二是挖掘吴江元素。结合公共文化服务体系的建设，举办"吴江太湖文化节同里民俗文化专项文艺会演""同里油菜花节水乡民俗文艺大联欢"等。吴江区公共文化艺术中心历时一年多精心编创的苏州评弹《袁了凡》，以大量史料为基础，通过跌宕起伏的情节，讲述了明朝著名思想家、苏州府吴江人袁了凡为民请命、清廉勤政的故事，传递了袁了凡崇德向善、爱民济世的思想境界；三是鼓励社会共建。在政府主导的前提下，吴江创新工作机制，鼓励、吸收社会力量广泛参与。支持企业参与建立非遗展示馆，同时努力探索文艺精品创作"政府引导、社会参与"的新模式；四是加强基层普及。支持建立业余戏曲团队、民间（营）团队50余个，票友队伍1 000人以上。开展"我们的非遗"进校园工程，推进、创新非物质文化遗产的校园传承保护模式；五是着力普惠百姓。以完善文化基础设施为依托，以非遗项目活态展演、非遗展板静态展示、非遗传承人动态展销、非遗书籍免费发放等形式，展现吴江区璀璨多姿的非遗魅力。

3. 山东省曲阜市突出公共文化服务中的传统特色

坐拥深厚的儒家文化底蕴，如何将其融入公共文化服务体系建设中？曲阜提出了"做大做强儒家文化活动品牌"的思路。儒家文化活动品牌，涉及公共文化服务体系建设的有5个方面：孔子文化大讲堂、孔子图书馆、孔子文化主题演出、背《论语》免费游三孔、镇街特色文化品牌。将儒家文化的转化成果充分运用到公共文化服务中，在建立优秀传统文化传承体系的同时，实现了公共文化服务的均等性、便利性。曲阜市在文化活动开展过程中，采取"政府主导，群众参与，社会推动"的模式，激发群众文化活动的新活力。挂牌成立曲阜市基层文艺辅导中心，召集文化社团、大学生文化站长助理和文化志愿者成立基层文化服务志愿队，以镇街、社区、自然村为单位，到村入户发动群众，组织队伍参与广场文化活动。

（二）遂宁市实践探索案例

1. 充分挖掘传承"观音文化"

观音文化，是承载遂宁地方特色和民俗传统的一种地域文化。皇家禅林广德寺气宇森严，观音朝觐圣地灵泉寺香火绵绵，这两座始建于隋唐时期的古寺，正是遂宁观音文化的起源地。2008 年，遂宁被中国文联、中国民间艺术家协会命名为中国观音文化之乡。遂宁把继承和发扬观音文化中的慈善、爱心的人文精神同公民道德建设、文化建设、城市建设结合起来，打造爱心之都，文明之城。遂宁灵泉寺是国家 AAAA 级风景区。遂宁现为川中佛教活动中心和旅游胜地，千年民俗文化传承，形成了广德寺、灵泉寺一年三次香会节的独特传统。一直以来，遂宁市充分利用传统观音文化优势资源，大力挖掘文化内涵，使之成为遂宁公共文化中的重要组成部分，成为遂宁对外的一张城市名片。遂宁市委市政府大力发展文化提升行动，大力发展观音文化旅游产业，形成传统文化与旅游的有机融合，已连续举办十届遂宁观音文化旅游节，吸引大批民众和外地游客参与。观音绣是遂宁非物质文化遗产，闻名国内外。遂宁市城市建设、旅游产业、地名文化、饮食文化等均围绕观音文化开展，遂宁观音文化已经深深植入遂宁发展和群众生活的方方面面，在发展中实现了对地方传统文化的保护和传承。

2. 曲艺文化得到传承保护

遂宁的民间曲艺传统历史悠久，其源头可上溯到东汉时期。自汉代至近现代，遂宁曲艺活动绵延不绝。在近两千年的历史进程中，遂宁群众性曲艺活动越来越丰富，影响也越来越广泛。近年来，在推进"文化强市"战略中，遂宁曲艺得到新的发展和繁荣。2012年9月，遂宁被评为"中国曲艺之乡"。遂宁曲艺人推陈出新，继往开来，取得了新的成就：车灯、莲宵、花鼓、说唱小调精彩不断；蓬莱大乐，象山花锣鼓，四川清音闻名遐迩。目前，遂宁曲艺中的雷棚评书、花锣鼓、坐歌堂等曲艺类型已经成功申报省、市级非物质文化遗产项目，并确定了传承人，使得大批传统曲艺项目得以继承与传播。如今的遂宁，全市各社区、乡镇共设立了上百支业余的民间曲艺演出小分队，这些曲艺演出队以社区、乡镇文化宣传中心为平台，坚持"两面"（面向基层、面向群众）、"三深入"（深入实际、深入生活、深入群众）、"三贴近"（贴近实际、贴近生活、贴近群众）的创作和表演路子，活动异常活跃。遂宁曲艺还走出国门，其清音节目"杨柳新枝"赴巴黎演出并荣获第七届巴黎曲艺节铜奖。

3. 遂宁市蓬溪县普及推广书法文化

蓬溪民风淳朴古雅，"工诗文、擅书画"之风历代承传，遍布民间山野，素来享有"五史之乡"的美誉，极具民族民间文化艺术发生发展的人文环境和历史土壤。近二十年来，蓬溪县公共文化服务体系利用传统书法文化，加强培训和引导，其深厚的文化土壤中成长出一批极具实力的中、青年书法群体，并在书法界形成了影响广泛的"蓬溪书法现象"，其"蓬溪书法群体"的作品亦频频在国内各级艺术殿堂获得展示等殊荣。近年来，蓬溪县多次被文化部命名为中国民间文化艺术（书法）之乡。全县所有中小学均开设了书法课，38所学校建有书法教学培训基地，全县乡镇建立了25个书法分会，共吸纳会员20 000余名，常年开展书法展览、研讨、交流等活动达60次以上，每年展出民间书法作品达2 000余件，在县城建有蓬溪书法艺术博物馆、四川省廉政书法创作基地、笆篱公社书画院、洗墨轩、芝溪画院等展示、教学和培训基地，常年培养书法爱好者达6 000余人，已基本形成书法"金字塔"组织结构。

五、公共文化服务和地方传统文化艺术融合发展的主要对策

（一）充分发挥政府的主体作用

作为现代社会中的"守夜人"，政府的最基本功能和职责，就是提供公共

性的制度供给和产品供给。要实现公共文化服务和传统文化艺术融合发展，离不开政府的主导。近年来，遂宁市大力实施文化提升、文化惠民工程，每年斥资上亿元打造现代公共文化服务体系，已形成"十分钟文化圈"和"公共文化服务最后一公里"的格局。除在经费上支持文化发展外，遂宁还制订《遂宁市"十三五"文化发展规划》《关于繁荣发展社会主义文艺的实施意见》《遂宁市重点文化艺术项目扶持奖励办法》，修订完善《遂宁市促进文艺创作试行办法》，为实现公共文化服务和传统文化的融合发展提供了强有力的政策支持。

（二）发挥公共文化服务体系的作用

以图书馆、文化馆、博物馆、展览馆、美术馆等为代表的公共文化场馆是现代公共文化服务体系的主要设施场所和骨干力量，也是传承发展中华优秀传统文化的重要载体和渠道。要加强图书馆建设，深入推进全民阅读，做好文化典籍编撰整理，保存利用好善本；要重视文化馆、博物馆、美术馆等场馆在传承发展中华优秀传统文化上的优势，加强对中华诗词、音乐舞蹈、书法绘画、曲艺杂技等传统文化门类的扶持、传播、普及，推动其创新发展；重视传统民俗节日的"回归"，如春节、元宵、清明、元旦、端午、中秋，以及特色民俗文化；加强非物质文化遗产保护，抢救濒危民间文艺，加强传统工艺展示和传习，振兴传统工艺等，用中华优秀传统文化来丰富馆办文化的内容形式，提升馆办文化的品位品质。遂宁市挖掘整理传统文化，对全市传统文化进行整理盘点，摸清家底，建立档案。对特色明显、风情浓郁的民间艺术门类分别制定保护方案和发展规划；对年事已高的独门绝技的民间艺人，录制影像资料，加紧培养其传承人；对较为珍贵的民间文化实物加快进行征集收藏。

（三）加强中华优秀传统文化的普及培训

近年来，针对不同的群体需求，各类传统文化活动，如经典诵读、戏曲、书法等，开展得如火如荼，各类艺术培训班大受欢迎。但从文化机构方面来看，如文化馆、站、室等，还需要进一步树立全民艺术普及的理念，把中华优秀传统文化传承发展作为重要的抓手，积极邀请专家名人和专业人员，开展好人文历史、民族音乐、书法国画创作、民间工艺等公益文化课堂，推出初级班、中级班、高级班等适应不同群体的"国学培训班"，讲好中华优秀传统文化的丰富内涵，积极响应大众需求，强化公益文化培训，正视和引导"国学热"的正确发展方向，防止国学被一些社会不良机构念歪了经。遂宁市注重传统文化传承，扎实推进"川剧进校园"，编写川剧知识读本和川剧校本教材，先后创建 10 所戏曲特色学校，形成小学—初中—高中的川剧传承发展链条。

（四）创新服务和传播机制

认真研究如何通过公共文化服务的平台融合中华优秀传统文化，不断丰富民众文化生活，增强文化自信。充分利用场馆文化、广场文化、舞台文化、流动文化等各种载体，创新开展"服务目录公开""点单式""群众评估反馈"等服务，通过展演、体验、传习、讲座、培训等，丰富和创新公共文化服务。重视文化与科技的有机融合，充分利用数字化技术以及互联网、手机终端等为代表的新兴媒介，做好数字化录制、教学、演绎，促进优秀传统文化的网络传播。加大政府扶持和采购力度，鼓励微电影、文化纪录片等创作更多融入传统文化和地方特色文化，推动中华优秀传统文化的现代阐述、现代展示、现代传播。

六、结　论

通过研究和探讨，笔者认为，公共文化服务和传统文化艺术是融合发展的，一方面在公共文化服务框架下，地方传统文化艺术才能更好地传承创新，公共文化服务为地方传统文化艺术的发展提供载体和舞台；另一方面，公共文化服务从地方传统文化艺术中汲取营养，地方传统文化艺术为公共文化服务提供丰富的内容和形式。在融合发展中，公共文化服务得到了发展和完善，地方传统文化得到挖掘、传承和发展。通过研究和探讨，不断开拓公共文化服务体系建设的新路径，同时为地方传统文化艺术传承创新提供了新的思路。

从龙凤古镇看特色文化镇的建设

一、龙凤古镇的文化特色

1. 文化阵地：古风格建筑。
2. 文化活动：龙舞；创新：凤舞。
3. 文化队伍：中老年、学生。

二、龙凤古镇特色文化的由来

1. 创建机遇

政策机遇：四川省遂宁市船山区着力打造建设古镇；市委六届二次全会决定，"八名工程"名镇建设；船山区 2017 年承办全市旅游发展大会。策划已久：船山区文体局制定了策划方案，定位观音文化，船山区委区政府采纳，开始打造龙凤古镇。

2. 创意由来：文化特色

船山区委宣传部、文体局、旅游局等单位多次邀请四川省遂宁市相关专家，到龙凤古镇召开现场讨论会，探讨如何打造文化特色的问题，在多次讨论的基础上，结合龙凤古镇自身历史文化，形成了特色文化发展思路。

3. 后期发展

（1）集中表演：龙舞、凤舞，社区、学校。
（2）群众合唱队：新编梵音。
（3）旅游结合：叫卖调。

三、特色文化示范乡镇的创建

根据船山区的规划，打造特色文化镇必须具备四大基本要素：阵地、经费、队伍、活动，并且抓出自身特色，达到一定规模。

1. 阵地

（1）文化站阵地已经全部完成建设。

（2）基本设施已经配备。

（3）内部功能分配：符合文化站职能需要的图书阅览、讲座展览、培训辅导、活动开展。

2. 经费

（1）基本原则：乡用县管。市委六届二次全会决定，省社会文化工作现场会推广。

（2）合理计划：日常开支、活动开支。

（3）严格管理：经得起检查。

3. 队伍

（1）建设文化辅导员队伍。在机关、企事业单位中培养建设文化辅导员队伍。

（2）建设文艺家协会骨干队伍。文艺家协会，虽隶属文联管理，但文化馆却是文艺家协会之家，是开展群众文化活动，组织文艺创作的重要力量。免费开放中，文化馆应更加注重建设好文艺家协会骨干队伍，主动为他们提供办公及活动场地，解决协会工作中的困难和问题。围绕党和政府的中心工作，有组织、有计划地经常组织、带领、引导文艺家协会开展更加丰富多彩的协会活动和有意义的公共文化服务活动，团结、凝聚文艺家队伍，形成当地的文艺家协会公共文化服务网络。

（3）建设业余文艺团队队伍。业余文艺团队是文化馆开展群众文化活动的骨干力量。这些队伍多数是群众自发组织成立的不依附于任何单位或组织的民间团队。近年来，文化馆采取备案登记的方式，将毫无约束的民间业余文艺团队有效地组织管理起来，规范他们的活动，并对他们进行培训、指导和辅导，组织他们开展比赛活动，将他们转变成为文化馆旗下的有组织的群众业余文艺队伍，使文化馆的公共服务网络延伸到更加广泛的社会角落。

（4）建设文化志愿者队伍。2008 年，北京市以举办奥运会为契机，成立了文化志愿者管理中心，建立了一支长期活跃在北京群众文化第一线的文化志愿者队伍。今年初，我们与市文明办反复商讨在遂宁市建立一支文化志愿者队伍，得到了市文明办的积极支持和响应。目前，我们在学习北京经验基础上，酝酿制定出台相关政策，建立相应管理体制，建设一支包括音乐、舞蹈、戏曲、文学、美术、书法、摄影等各大艺术门类的，覆盖文化活动、文化培训、文化辅导等文化服务范畴的文化志愿者队伍。逐步建立完善遂宁市文化志愿者服务体系，形成文化志愿者服务网络。

（5）建设文化馆站自身的业务队伍。每年对全市文化馆站干部进行一次全覆盖培训，分重点、分专业地提高文化馆站业务队伍的素质和水平。同时，加强基层、特别是乡镇综合文化站的业务指导，通过建立新农村文化示范乡镇，培养锻炼文化馆站业务队伍。我们希望通过不断探索和实践，能建立与免费开放相适应的体制机制，建设一支业务技能过硬、服务能力较强、管理水平较高的文化馆站业务干部队伍。也只有在文化馆站自身队伍过硬的情况下，才能较好地建设上述四支文化馆公共服务队伍，起到较好的带动、指导和引导作用，使四支队伍、五个服务网络在文化馆公共文化服务中发挥出更好的作用，做出更大的贡献。

文化馆公共文化服务五大网络的建立，较好地缓解了文化馆业务干部不足的问题，一定程度地解决了公共文化服务总量不足的问题，为保障广大群众的基本文化权利、让更多群众享受改革开放的文化成果提供了更多更大的服务空间。

4. 活动

（1）阵地活动：图书阅览、讲座展览、培训辅导、活动开展。

（2）品牌活动：做到三个结合。一是结合当地传统，传统文化活动，传统节日活动，传统音乐舞蹈表演等。如蓬溪文井正月十五撵琪猫、射洪大榆打莲宵；二是结合中心工作，结合当地党委政府的中心工作，尤其是龙凤镇的工作；三是结合时代潮流，要有时代特色。

四、2017 年涉及各区县乡镇几项主要工作

第一，涪江文化艺术节：2017 年 9 月中下旬。

第二，遂宁市新农村新农民文艺汇演：2017 年 9 月中下旬。

第三，遂宁市第五届"幸福家园"社区文艺汇演：2017 年 9 月中下旬启动，2017 年 10 月至 2018 年 1 月进行。

第四，遂宁市广场舞蹈比赛：2017 年 5 月。

第五，遂宁市民间艺术展演：展览、演出；时间为 2017 年 6 月上旬。

第六，全市民俗文化调查。

村社群众文化的现状及对策

新农村村社群众文化建设，是社会主义新农村文化建设的最终落脚点，也是新农村文化建设的重点和难点，可以这样说，村社群众文化活跃繁荣了，新农村文化建设就成功了。村级群众文化现状怎样？农民群众需要什么样的文化？怎样建设？带着这个问题，我们对遂宁市范围内的村社群众文化开展了一次调研活动。

一、村社群众文化的现状

1. 村社人员结构

农民是新农村文化建设的主体，新农村文化建设的目标最终需要由农民自己来实现。把握了村社人员结构，才能有针对性地开展农村文化建设。据抽样调查：在遂宁农业总人口中，男性占 42.1%，女性占 57.9%；60 岁以上老人占 13.1%，14 岁以下儿童占 24.2%，其他占 62.7%。

目前，农村在家人员主要是老人和正在上学的少年儿童，青壮年几乎全部常年在外打工。以大英县回马镇文武村为例，全村 3 100 人，常年外出打工的就有 1 200 人，占村总人口约 38.7%。农村文化的日常参与者只有留守中老年人和在校学生这两部分人员。

2. 村社文化机构

在全市各村中，大约有 20%～30%的经济发展相对较好的村建立有村文化活动室，由一名村干部负责日常活动的开展。有的村文化活动室还建得很有特色，如船山区永兴镇水寨门村和苟桥村，村民们自发地组织起来，创造性地联合两个村，在水寨门村小学内建立了"乡村文化俱乐部"，定期开展文化活动，村民参与面较大。而在经济条件较差的村，绝大多数则没有文化活动室。

3. 村社文化阵地

村文化活动室都没有专门的场地，多数的村文化活动室与村委会办公室共用。室内阵地普遍较小，约 20 ~ 30 平方米，一部分用作图书室，室内活动场地一般与会议室共用；室外活动场地相对较宽，活动地点也不十分固定，村落中较宽的院坝都可以作为室外文化活动的场地。

4. 村社文化队伍

村社文化队伍正处于自发形成阶段，大约有 30% ~ 50%的村有文化活动队伍。队伍的人数参差不齐，小的队伍只有三五个人，较大的队伍则有 10 ~ 20 人。他们聚在一起，开展文艺演出、健身舞、书画、棋牌等传统文化体育活动等。自娱自乐，也参与一些红白喜事。但也有的村社庙会活动十分活跃，演出队伍由当地庙会牵头组建，他们平常朝山敬香，也在庙前开展一些表演活动，对这种队伍需要及时予以引导，否则其发展趋势很令人担忧。

5. 村社文化活动经费

农村税费改革后，村级组织没有了经济收入来源。在遂宁全市范围内，有村级集体经济的也是寥寥无几，在我们调查的 15 个村中，仅有 1 个村有集体收入。村里开展群众文化活动的经费来源，主要是由参与活动的村民自行拼凑；而由当地庙会组织的队伍，则是依靠庙会组织去筹集。因此，文化活动的设施设备十分简陋，活动形式也较为单一。

6. 农民的文化需要

随着农村经济的不断发展，农民群众对文化的需要不断上涨，但是，受自身经济条件的制约，这种文化需要还不能形成有效的市场需求。由政府主导的公共文化服务与农民群众日益增长的文化需要之间的矛盾较突出。

二、村社群众文化发展的优劣势分析

1. 村社文化发展优势

（1）各级党政越来越重视文化建设。随着新农村建设的全面展开，各级党政对农村文化的重视程度不断增强。市、区县把农村文化建设纳入了农村工作"八大项"之一；各乡镇也建立了相应的组织机构抓新农村文化建设，市、县区、乡镇对农村文化建设空前重视。

（2）农村公共文化服务体系不断完善。全市公共文化体系正在不断完善。各县区文化馆、图书馆办馆条件不断改善，队伍建设和内部机制改革正在探索中迈进；各乡镇宣传文化中心全部建立，并配备有1~2名文化干部。文化馆（站）、图书馆的公共文化服务能力和对村级文化活动室的指导不断加强。村级文化活动室建立步伐明显加快，呈加速增长的态势。

（3）农村经济发展加快。党的农村政策加快了农村的发展，农民在农业科技和种养植业中收益增加；农村税费改革，直接增加了农民的收入。2005年，遂宁农村人均收入为2 800元，2006年为3 200元，2007年达到3 800元，个别地方还超过了4 000元；2016年，遂宁农村居民人均收入达到12 403元。新农村建设中，农村的道路交通等条件不断改善，农业产业化项目不断增多。重庆和成都成为国家级综合配套改革试验区后，更加有力地促进了位于成渝交接地带的遂宁农村经济更快更好地发展。

（4）农民的文化需要加速增长。随着农村广播电视村村通工程基本完成，农民在家可以坐享十套以上的电视节目。开阔了眼界的农民文化参与热情高涨，像城里人一样拥有丰富的文化生活是很多农民的梦想，他们对各类文化艺术的参与渴求呈现出多样化趋势。

（5）农民个体素质不断提高。农村农民受教育的程度不断提高，普九义务教育全面落实。回乡青年中，高中毕业生的数量大量增加，考入高等院校的学生也不断增多，外出打工农民在打工过程中，也增长了见识，学到了知识，更新了观念，农民群众的整体素质大幅提高。

（6）农村对外文化交流渠道不断拓宽。随着一波强过一波的打工热潮，村社青壮年基本外出打工，外出打工增加的不仅仅是农民的收入，更使他们开阔了眼界，拓展了思维，同时也实现了农村与城市文化的交流与碰撞。广播电视村村通工程全面完成，网络进入了普通农民家庭，使农村对外文化交流的渠道不断拓宽，各种信息资源在农村传播的速度已经越来越接近城市。

2. 村社群众文化发展的主要问题

（1）各级领导对文化工作的重视不够。一是在各级党政的考核体系中，文化指标过软。由于西部地区经济发展较之东部相对滞后，使各级党政在对下级的目标考核体系中，更加偏重于经济工作，而对文化工作的考核指标则较软或基本没有，工作中也难免会失之过软；二是资金投入不足。由于基层文化设施欠账多，需要投入的资金十分巨大，有限的地方财力投入难以满足群众文化的需要；三是对文化产业的认识上存在误区。一些地方领导对文化产业急功近利，过分强调文化产业化，淡化文化的公共属性，使文化事业发展艰难。因此，虽然中央、省、市把文化工作一直都放在十分重要的地位，但在实际工作中，对文化的实实在在的支持却十分有限。

（2）阵地设施不能满足文化工作的要求。乡镇文化站的阵地设施，普遍不能满足人民群众的文化需要。村文化活动室的条件则更差，在阵地建设和设施设备方面，村级的投入基本上为零。

（3）农村宣传文化阵地面临被挤占的危险。在文化活动贫乏的村社，留守的中老年人文化生活单调贫乏，于是朝山拜佛死灰复燃，打牌赌博占据村民的多数的空闲时间。对新农村移风易俗，提高农民素质十分不利。

（4）投入机制缺乏是村级文化室发展的瓶颈。税费改革后，村级经济已经名存实亡，村级组织对村文化活动室的支持是心有余而力不足，上级对村文化活动室又缺乏相应的政策扶持，使村文化活动室的处境十分艰难。

（5）文艺骨干人才严重缺乏。乡镇文化干部多数不能专用，时间多数被乡镇其他中心工作占用，对村级的指导较少；日常参与文化活动的中老年文艺爱好者，他们自身的组织能力、业务水平都十分有限，宣传形式和内容缺乏创新。很缺乏有一定业务水平、热爱文化工作、热心集体事务的文艺骨干。

三、新农村村社文化发展的对策

1. 给予村社文化发展以必要的政策支持

根据目前遂宁农村的经济发展状况，不管村民委员会，还是刚刚走过温饱线的村民自身，都无力担负起文化发展的重任，也尚不具备文化消费的能力。文化发展主要还只能依赖政府的引导、投入和政策性支持。为此，笔者认为，在现阶段，政府可给予村社文化以下政策支持。

（1）村级文化活动补贴政策。村级文化活动室是政府公共文化服务体系的延伸，是直接面向广大村民宣传党的路线方针政策的最前沿阵地。积极向上的文娱活动，可在潜移默化中引导农民移风易俗，提高农民整体素质。政府可以采取赠送村文化活动室的设备，补贴文化活动的方式，采用民办公助的办法，创造条件，调动村民们参与文化活动的积极性，用社会主义的先进文化占领农村文化阵地。

（2）文化活动阵地政策。村文化活动室可根据其具体情况，一室多用，明确由一名村干部具体负责。一是把村级小学校布点调整中腾出的闲置村小校舍，改造为村文化活动基地；二是充分发挥农村村级小学在开展农村文化活动方面的核心骨干作用，将村级小学的图书室、电子阅览室和音乐美术教室等与村文化活动室资源共享，一室多用，在学生放学后或节假日期间，定时向本村农民群众开放。既解决村文化活动室场地紧缺、图书资料和文艺人才缺乏的问题，又解决了留守中老年人与留守学生老少同乐和优秀民族民间文化传承发展的问题，同时还可整合资源，避免重复投资，把村级小学建设成为本村的宣传、文化、信息中心。

（3）深入送文化下乡活动。一是要继续实施农村电影数字化放映工程，加大专项资金投入，重点做好配送电影流动放映车和电影拷贝工作，丰富农村电影片源，采取积极有效措施，逐步实现农村一村一月放映一场电影的目标；二是要继续开展文化科技卫生"三下乡"、文化对口支援活动。积极探索"三下乡"活动的长效机制，充分发挥市县文化馆的职能，重心下移，面向村社开展公共文化服务，使"三下乡"活动小型化、经常化，努力做到灵活多样、行之有效。以送文化下乡，拉近农村与城市的距离，引导带动农村文化快速发展。

（4）大力扶持农村民办文化。通过民办公助、政策扶持，鼓励农民自办文化，开展各种面向农村、面向农民的文化经营活动，使农民群众成为农村文化建设的主体。积极扶持热心文化公益事业的农户组建文化大院、文化中心户、文化室、图书室等，允许其以市场运作的方式开展形式多样的文化活动。支持农民群众自筹资金、自己组织、自负盈亏、自我管理，兴办农民书社、集（个）体放映队等，大力扶持民间职业剧团和农村业余剧团的发展。

2. 培养文化骨干，建立两支队伍

以市、县文化馆、乡镇综合文化站的公共文化服务为主要实现途径，采取集中培训方式和深入农村进行个别辅导的方式，免费培养农民文化骨干，帮助各村文化活动室建立老年、少儿两支文艺队伍，增强城乡文艺队伍的交流与互动，不断提高农村文艺队伍的艺术水平；乡镇文化干部要做到专职专用，以加强对村文化工作的指导；充分发挥民间艺人、文化能人在活跃农村文化生活、传承发展民族民间文化方面的作用，结合非物质文化遗产保护工作，把老百姓喜闻乐见的民族民间文化与时代精神结合起来，吸引更多的年轻人加入到传承民族民间文化保护的队伍中，巩固农村文化建设的群众基础。

3. 因地制宜建设特色文化

文化的魅力在于其差异性，这在各地发展旅游产业中已经得到了充分的证明。遂宁历史文化深厚，拥有十分丰富的非物质文化遗产，政府要加大对非物质文化遗产挖掘的力度，充分发挥文化馆（站）的业务指导作用，分类指导，传承发展，结合全国"民间艺术之乡""特色艺术之乡"评选活动，对农村传统文化生态保持较完整并具有特殊价值的村落或特定区域进行动态整体性保护，在农村形成多个各具特色的区域性文化生态圈。实施农村文化的特色品牌战略，增强、展现当地农村文化的独特魅力。

4. 大力发展农村经济和文化市场

村级群众文化事业的发展，从根本上依赖于农村生产的发展。只有农村经济发展了，在外打工的农村文化建设的主体才会回到自己的家乡，参与家乡的经济和文化建设。也只有经济发展、农民富裕了，才能在农村形成繁荣活跃的文化市场，才能让村社文化真正走上自我发展的良性发展的轨道。同时，给予农村文化市场扶持政策，给予其审批条件、税费减免等优惠政策，使农村文化市场能与农村经济同步或优先于农村经济的发展，逐步发展成为农村经济的重要组成支撑。

总之，新农村村社文化建设作为社会主义新农村建设的重要组成部分，是一项宏大的系统工程，既需要有政府的支持、投入和引导，也需要全社会的广泛参与，更需要调动农民群众自身的建设热情，与此同时，还需要文化职能部门以科学发展观为指导，在村社文化建设的实践中不断总结经验，因地制宜，形成与社会主义市场经济体制相适应的、符合社会主义精神文明建设规律的农村文化建设新格局。

对文化馆艺术培训职能公益化的思考

开展各项公益性文化服务，是文化馆重要职能。而作为传统职能之一的艺术培训，随着市场化培训的兴起和迅速发展，文化馆艺术培训职能一直处于公益与市场之间两难的境地。笔者从公共文化服务的角度，对文化馆艺术培训的发展方向进行探讨。

艺术培训作为文化馆传统职能之一，是文化馆培养业余文艺骨干、开展阵地活动的主要工作方式，几十年来，文化馆的艺术培训，造就了一批又一批的艺术人才和社会文艺骨干，为国民文化素质的提高发挥了不可忽视的积极作用。

一、文化馆艺术培训的历史发展及其现状

（一）文化馆艺术培训的历史发展

回顾文化馆艺术培训的发展历程，大致可以分为职能履行、以文补文和市场竞争三个阶段。

1. 职能履行阶段

从 20 世纪 50 年代文化馆建立至 80 年代改革开放之初，各级文化馆作为政府履行公共文化服务的专门机构，担当了群众文化的组织、辅导、指导、培训和研究的职能。文化馆业务干部们免费组织、培养社会文艺骨干，培训经费则全部由财政部门纳入预算，统一开支。今天众多的艺术人才和社会文艺骨干，都是当年在文化馆免费艺术培训熏陶下成长起来的。

2. 以文补文阶段

20 世纪 80 年代后期至 90 年代中上期，随着市场经济的逐步兴起和人们

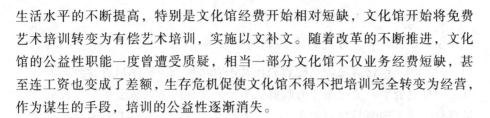

生活水平的不断提高，特别是文化馆经费开始相对短缺，文化馆开始将免费艺术培训转变为有偿艺术培训，实施以文补文。随着改革的不断推进，文化馆的公益性职能一度曾遭受质疑，相当一部分文化馆不仅业务经费短缺，甚至连工资也变成了差额，生存危机促使文化馆不得不把培训完全转变为经营，作为谋生的手段，培训的公益性逐渐消失。

3. 市场竞争阶段

20 世纪 90 年代中上期以来，随着越来越多的社会资金进入艺术培训领域，艺术培训的市场化趋势越来越快，一些大中城市出现了大规模的艺术培训连锁企业，市场竞争日趋激烈。多数文化馆在市场竞争中，原有的优势逐渐丧失，培训所得用于补文的收益相对降低，文化馆处于生存极端困难的时期。直到 2005 年中央 14 号文件出台，文化馆的公益性质得到明确，文化馆的生存状况才得以改观，文化馆艺术培训则在公益与市场之间的夹缝中生存。

（二）文化馆艺术培训存在的问题

经历了以上三个阶段的发展，文化馆社会艺术培训普遍呈现以下三个方面的问题。

1. 定位摇摆，文化馆艺术培训发展受限

从以文补文开始，文化馆的艺术培训一直在公益性与市场化之间徘徊。作为政府赋予的公益性职能，艺术培训应当面向广大群众，实行低成本收费或免费服务；因事业经费严重不足，文化馆又不得不通过培训收费的途径来增加收入，保障日常工作的正常运转。因此，文化馆艺术培训在双重定位的摇摆中，发展缓慢，而社会力量开展的艺术培训后来居上，发展迅速。

2. 市场盲点，弱势群体被排斥在培训之外

市场竞争很大程度地激活了艺术培训市场，为广大群众带来了更多的参加社会艺术培训的机会和选择，也给艺术培训市场带来了空前的发展和繁荣。较之文化馆的培训，市场化的艺术培训具有管理专业化、运作市场化的优点。但市场的利益价值取向，注定会有市场经济所不能调节到的领域，广大农村和城市的弱势群体中有艺术特长或愿意学习文艺的人员，因贫困或本区域的

市场缺位而被排斥在培训的大门之外。

3. 社会公平，呼唤艺术培训的公共服务

公共管理理论认为，政府职能，就是对市场失灵的领域进行公共调节，以维护社会公平。文化馆作为政府从事公共文化服务的重要单位，理应主动担当起艺术培训公益化的重任，使广大群众都能享受改革开放的文化成果，享有更多更好的文化权益。

笔者认为，随着社会经济的发展，文化馆（站）应当重新担当起艺术培训公益化的重任，免费对城市的弱势群体和农村的低收入群体进行艺术培训，以更好地保障人民群众接受艺术熏陶的文化权益。

二、文化馆艺术培训公益化是新时期历史发展的必然要求

党的十七大报告指出，在"时代的高起点上推动文化内容形式、体制机制、传播手段创新，解放和发展文化生产力，是繁荣文化的必由之路"。文化馆开展的公共文化服务也应当站在时代的高起点上，创新公共文化服务的内容形式和体制机制，这是新时期对文化馆的新要求。

1. 文化馆艺术培训公益化，是贯彻落实科学发展观的具体实践

科学发展的根本方法是统筹兼顾，"统筹城乡发展，统筹区域发展，统筹经济社会发展"，要求我们在发展的过程中，要更加关注民生，关注弱势群体。十七届三中全会提出，要加快形成城乡经济社会发展一体化新格局，坚持工业反哺农业、城市支持农村和多予少取放活方针。文化馆（站）开展面向弱势群体和面向农村的公益性艺术培训，是贯彻科学发展，建设和谐社会的具体实践。

2. 文化馆艺术培训公益化，是加强社会主义核心价值体系建设和公民思想道德建设的有效手段

文化馆（站）组织开展的没有任何功利色彩的公益性艺术培训，其本身就是对学员直接的社会主义核心价值体系的教育；同时文化馆（站）还可以

与其自身的公益性文化活动有机结合起来，贯穿更多潜移默化的思想道德教育内容，让公益化的培训，成为加强社会主义核心价值体系建设和公民思想道德建设的又一主阵地。

3. 文化馆艺术培训公益化，是进一步提高政府为全社会提供公共文化服务水平的重要举措

构建覆盖全社会的公共文化服务体系，是政府提高公共文化服务水平的首要任务。文化馆（站）艺术培训公益化，弥补了市场调节的不足，形成覆盖全社会的艺术教育培训网络。全面提高广大群众的文化艺术修养，是对政府公共文化服务体系的不断丰富和完善，是提高政府公共文化服务水平的重要举措。

4. 文化馆艺术培训公益化，是实现和保障人民群众基本文化权益的积极行动

要实现和保障人民群众的基本文化权益，就必须做到重心下移，更多地关注城市和广大农村的弱势群体，最大限度地满足他们参与文化活动、接受文化培训的需要，这样才能更好地实现他们的文化权益。

5. 文化馆艺术培训公益化，是文化馆公益性职能的内在要求

2005 年，中央、国务院《关于深化文化体制改革的若干意见》中，文化馆（站）被明确为公益性文化事业单位，根据这一定性，开展公益性文化服务是文化馆的基本职能。公益性职能要求文化馆（站）要逐步淡出市场艺术培训领域，把市场培训交还给市场，全心专注于自身公益性职能的发挥。

三、文化馆艺术培训公益化的实现途径

文化馆（站）要实现艺术培训公益化，需要有人力、物力和财力的支持机制，为此，必须要做到三个结合。

1. 自身人才优势与社会人才资源相结合

文化馆在履行自身的公益性职能过程中，承担了公共文化体系建设中大量工作，艺术培训的公益化仅靠文化馆（站）自身的专业人才是远远不够的，

还需要充分利用文化馆（站）对社会艺术人才的凝聚作用，把自身人才优势与社会人才资源紧密结合起来，为文化馆（站）公益性艺术培训提供充足的师资储备。

2. 中央财政支持与地方财政扶持相结合

文化馆（站）艺术培训的公益化是国家财力达到一定实力后的惠民举措，其实施自然离不开政府财政的支持。具体要求操作可借鉴博物馆免费开放中经费解决的办法，采取中央财政支持与地方财政扶持相结合的做法，文化馆因免费艺术培训减少收入部分全部由中央财政负担，运转经费增量部分由中央财政分别按照东部 20%、中部 60% 和西部 80% 的比例进行补助；地方财政部门要承担相应职责，保障文化馆免费公益培训的资金投入。

3. 政策支持与社会力量参与相结合

文化馆（站）艺术培训的公益化是一项庞大的系统工程，仅靠政府的支持是不够的，还可以出台有关财税政策，利用政策杠杆，鼓励社会资金向文化馆艺术培训捐赠，建立文化馆（站）公益化艺术培训经费来源的长效机制。

对乡镇综合文化站群众文化活动的思考

乡镇综合文化站是社会主义新农村文化建设的主阵地，是实现和保障广大农民群众基本文化权益的重要载体，是构建农村公共文化服务体系的关键环节。加强乡镇综合文化站的建设，是贯彻落实党的十七大精神，不断满足农民群众日益增长的精神文化需求的因势之举，对促进农村经济、政治、文化、社会协调发展，具有重要意义。而作为乡镇综合文化站建设的重要内容之一的群众文化活动的组织与开展，则是乡镇综合文化站建设中最具活力和创造力的因素，是乡镇综合文化站职能履行优劣、群众评价满意与否的重要标准，是乡镇综合文化站工作的"活的灵魂"。

在此，仅就笔者的工作实践和思考，对四川省相对贫困地区乡镇综合文化站群众文化活动的组织开展做粗浅的探讨。

一、把握一个核心

乡镇综合文化站是国家设在乡镇的公益性文化事业单位，是乡镇党委政府统筹辖区内文化事业和文化产业发展的工作机构，围绕党和国家文化建设的中心开展文化工作是其首要的工作职责和任务，因此，乡镇综合文化站的所有活动都必须牢牢把握社会主义核心价值体系这一核心，在乡镇综合文化站组织开展的所有活动中，坚持把马克思主义中国化最新成果、以爱国主义为核心的民族精神、以改革创新为核心的时代精神和社会主义荣辱观等以文艺的形式表现出来，融入群众文化活动中去，在更好地保障农村群众基本文化权益、更加丰富农村文化生活的同时，潜移默化地实现乡镇综合文化站的宣传教育职能，不偏离乡镇综合文化站组织开展群众文化活动的方向。

二、建好两支队伍

目前四川省相对比较贫困的乡镇，农业产业化水平还很低，工业企业很少，农村劳动力大量外流。在遂宁农村，约占人口三分之二的中青年劳动力长年在外打工，日常在家人员是由留守老人和留守儿童组成的"六一九九部队"。因此，乡镇综合文化站要重点建好老年文艺队伍和少儿文艺队伍，发挥好这两支队伍在乡镇综合文化站文化活动开展中主力军作用。

老年文艺队伍一直以来是乡镇中最活跃的队伍，也是主要的队伍，在乡镇综合文化站的日常活动开展中发挥着重要的作用。其主要成因有三：① 各乡镇和农村老年人生活内容单一，时间富裕，可以参与经常性的群众文化活动；② 农村老年人受我国民族民间文化的影响最深，在现代信息相对封闭的农村，文化活动仍然是乡镇特别是老年人的主要娱乐方式；③ 老年人在经历了从贫穷逐步走向小康过渡的生活历程中，普遍萌生了追求精神享受的愿望，参与文化活动的热情较高。

在过去乡镇文艺队伍的建设中，我们过多地把目光放在老年文艺队伍的建设上，而忽略了占乡镇相当人口的少儿文艺队伍建设。近年来，我们逐步认识到，少儿文艺队伍是乡镇文艺队伍建设的一支不可忽视的生力军。首先，少儿在数量上与老年人基本相当或超过了老年人数；其次，少儿容易接受新事物，对提高乡镇艺术水平，对乡镇文化活动形式和内容的创新具有积极的推动作用；最后，少儿文艺队伍组建较为容易，组织工作相对简单。

应该说，只要抓住抓好老年和少儿这两支基础文艺队伍的建设，充分发挥其各自优势，乡镇群众文化活动的组织就奠定了坚实的队伍基础。

三、做到三个结合

乡镇综合文化站群众文化活动的组织，与企业管理一样，不会有现成的模式可以照搬照套，各乡镇综合文化站只能把群众文化活动组织的规律，与当地群众文化工作的实际紧密结合，组织开展富有浓郁地方文化特色的文化活动，才能实现"一区一品"，才能做到农民群众喜闻乐见，文艺队伍积极参

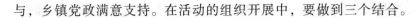

与，乡镇党政满意支持。在活动的组织开展中，要做到三个结合。

1. 与传统文化活动相结合

在我国农村，由于信息相对封闭，整体文化程度相对较低，受外界影响和冲击较小，因而中华传统文化在农村反而保存最为完整。传统节日、传统文化表现形式在农村具有较城市更大吸引力和影响力。纯粹的舶来文化，往往如一阵飓风，在带来强烈的新鲜感之后，又很快为人们所抛弃。为此，乡镇群众文化活动的组织开展，必须与传统节日紧密结合起来，与当地的非物质文化遗产结合起来，这样才能更加为广大群众所接受，才能在广大农村群众中具有影响力和感召力，才能有广大农村群众的积极参与。如蓬溪县文井镇每年正月十五的撵瘟猫的民俗活动，在当地群众中流传久远，经镇综合文化镇组织之后，群众纷纷自发参与，文化建设效果显著。

2. 与时代潮流、现代科技相结合

任何时代的文化，都必须与其所处时代的政治、经济相适应，否则，必将被时代所遗弃。乡镇群众文化活动的组织开展也必须与当今时代的潮流、与现代科学技术相结合。紧紧把握时代的脉搏，与时俱进，才会具有持续发展的生命力，才能受到广大农村群众，特别是广大青少年的欢迎。实践证明，停滞不前的传统文化活动，在每一个历史变革时期，都会随着时间的推移逐步尘封进历史的记忆，而被赋予新的时代内涵的传统文化，总会在不同的历史时期大放异彩，展现出其新的活力。这一点在非物质文化遗产的保护利用中得到了较好的验证。象山花锣鼓是流传于大英县象山镇的一种民间音乐，2006 年大英县文化馆帮助他们在挖掘整理的基础上，结合时代特色进行了大胆创新，不仅受到老年群众的喜爱，连过去对花锣鼓不感兴趣的年青一代和少年儿童也表现出了较强烈的学习热情，该民间艺术在全市文艺调演中引起了较大的轰动。

3. 与党委政府的中心工作相结合

在四川省内经济发展相对滞后的地区，乡镇综合文化站活动的开展，很大程度还依赖于当地党委政府的支持。乡镇综合文化站的性质和地位，也要求乡镇综合文化站必须围绕当地党委政府的中心工作来开展。各乡镇综合文化站要主动把自身的工作与党委政府的中心工作结合起来，积极为中心工作

服务，让党委政府感觉到乡镇综合文化站在乡镇总体工作中的不可或缺的地位和作用，以"有为"争取"有位"。把乡镇综合文化站的群众文化活动与乡镇党委政府的中心工作相结合，可以借助党委政府的力量，更加有力地组织开展群众文化活动，使群众文化活动起到事半功倍的效果。在对各乡镇综合文化站的调研中，我们发现，凡是活动开展较好的乡镇，无不是做到了与党委政府的中心工作有机结合，得到了当地党委政府的大力支持。

乡镇综合文化站群众文化活动的组织开展，既是一门有规律可循的科学，更是一门因地制宜、因人而异、与时俱进的艺术，它只可借鉴，不可照搬。它要求我们每一个文化工作者要充分发挥主观能动性，在实践中探索，在探索中提高，不断为乡镇群众文化的组织发展注入新的内容，不断追求，不断发展。

遂宁农村文化工作现状与分析

一、遂宁农村文化工作的现状

遂宁市下辖蓬溪县、射洪县、大英县和船山区、安居区三县二区，全市现有农业人口 302.91 万，占全市总人口 384.27 万的 78.83%。据 2016 年抽样调查：在农业总人口中，男性占 42.1%，女性占 57.9%；60 岁以上老人占 13.1%，14 岁以下儿童占 24.2%，其他占 62.7%。目前，农村在家人员主要是老人和儿童，青壮年绝大多数常年在外打工。农村文化的日常参与者以农村老年人为主。

1. 农村文化机构

全市 105 个乡镇都建立了宣传文化中心，绝大多数宣传文化中心都配备了专职文化干部，文化干部纳入了乡镇干部统一管理，工资和基本工作经费与乡镇其他干部一视同仁。有 20%~30%的村建立了村级文化室，主要设在村委会。

2. 农村文化阵地

各乡镇宣传文化中心的阵地拥有情况差异较大，与当地经济发展状况有关，条件最好的乡镇宣传文化中心活动面积达到 800 平方米以上，也有少数宣传文化中心没有活动场所，多数乡镇文化中心的拥有面积在 30~60 平方米。

3. 农村文化活动

多数乡镇和村社有群众文化活动，但不经常开展活动，少数地方开展得较差，也有经济发展较好的地方开展得有声有色。活动开展主要集中在企业开张、传统节日、农民家里的红白喜事、生日聚会等时间，采取的主要活动方式有：文艺演出、舞龙舞狮、扭秧歌、打腰鼓、放电影、川剧座唱、跳健身舞、科技讲座和书画、体育活动等。但也有的农村朝山敬香、玩麻将成风，占据了当地农民业余生活的绝大部分空间。

4. 群众文化队伍建设

各县区中，蓬溪县、射洪县、大英县文化馆、图书馆阵地机构队伍健全，船山区、安居区（系两年前由原市中区分开后建立）无"二馆"机构和人员，工作由区文化体育局承担；各乡镇都有两支以上的群众性文艺队伍，大约30%～50%的村有群众自发组织的文艺队伍，绝大多数是以乡镇和村老年协会为基本骨干队伍组建成立的。

5. 农村公共文化服务体系

（1）市、县区方面。市、县级文化馆、图书馆机构队伍健全，有两区至今未建立区级"二馆"，其职能由两区的文化体育局代为履行，"二馆"的建立已经纳入其工作计划；但单位的编制性质、队伍素质、经费状况都存在着不同情况的问题，工作开展困难较大。

（2）乡镇、村社方面。各乡镇全部建立了宣传文化中心，绝大多数都落实了人员和人员经费，但人员普遍存在其他工作任务过重问题，削弱文化工作的情况较多，工作经费和活动开展经费普遍很少或没有；各地各级村级文化室正在逐步建立之中，已经建成的约 30%。在对遂宁市农村文化的抽样调查中，群众对乡镇宣传文化中心工作满意的有 21.3%，基本满意的有 74.6%，不满意的有 4.1%。

6. 农村文化的保障机制

遂宁市农村文化的投入严重不足，农村文化阵地有相当的数量需要建设或改造，但以目前的财政管理体制，乡镇和村社经费基本为零的实际，根本无力投资建设，而以遂宁的财政状况，市和县区若干年内也难以完成如此巨大的投入。投入渠道受阻，设施设备严重不足，活动经费没有基本保障，没有相应的保障机制，这些已经成为制约农村文化发展的重要瓶颈。

二、遂宁农村文化发展优势分析

1. 各级党政重视文化建设

随着新农村建设的全面展开，各级党政对农村文化的重视程度不断增强，

2006 年，遂宁市委办、市府办下发了《关于加强农村文化建设的意见》，各县区多数已经把农村文化建设纳入对乡镇的目标考核之中；各乡镇也建立了相应的组织机构抓新农村文化建设，市、县区、乡镇各级对农村文化建设空前重视。

2. 公共文化服务体系不断完善

全市公共文化体系正在不断完善。遂宁市委、市政府对市级文化馆、图书馆的建设十分重视，已经纳入了遂宁文化发展"十一五"规划，对市级"二馆"提出了更高的建设要求，市图书馆、市文化馆的新建工程将开始规划论证和设计；各县"二馆"建设正在加速推进，蓬溪县、大英县的"二馆"建设已经完成，射洪县"二馆"的新馆建设即将完成；新建区安居 2007 年也将成立"二馆"，并将"二馆"建设纳入规划；船山区建立"二馆"正在酝酿之中。各乡镇宣传文化中心全部建立，各社区、村社文化室也在加速建立之中。

3. 农村的文化需求加速增长

随着党的农村系列政策的不断出台，农民的收入有了不同程度的增加，农民群众对文化的需求加速增长，虽然广播、电视已经基本上进入农民家庭，但农民对电影、歌舞、美术、书法、健身等文化艺术参与的渴求呈现出多样化，正在走出温饱，走向小康的农民群众的文化需求不断上涨。

4. 农村经济发展加快

近些年来，党的农村政策加快了农村的发展，农民在农业科技和种养植业中收入不断增加；农业税改革，更是直接增加了农民的收入，农民人均收入不断上涨。据抽样调查，2006 年，遂宁农村人均收入在 3 200 元左右，个别经济发展较好的地方达到 4 000 元以上；至 2016 年，遂宁农村居民人均可支配收入达到 12 423 元。新农村建设中，农村的道路交通、居住环境、生活环境等不断得到改善；农业产业化项目不断增多，农村经济得到较快发展。

5. 农民个体素质不断提高

农民受教育的程度不断提高，"普九"义务教育全面落实，回乡青年中，高中毕业生的数量大量增加，考入高等院校的学生也不断增多，外出打工农民在打工过程中，增长了见识，学到了知识，农民群众的整体素质大幅提高。

6. 农村对外文化交流渠道不断拓宽

随着新一代农民的素质不断提高，他们已经不再满足于日出而作、日落而息的生活方式，他们需要更加广阔的生活和自我发展空间，加之农村与城市的现实差距，于是引发了一波强过一波的打工热潮。外出打工，增加的不仅仅是农民的收入，更开阔了他们的眼界，拓展了他们的思维空间，同时也形成了农村与城市间的文化的不断交流与冲突。近些年来，农村的村村通工程已经基本完成，农民在家里就可以观看不少的国内电视节目。在一些经济条件较好的农村，网络也开始进入了普通农民家庭。农村对外文化交流的渠道不断拓展，国际、国内新闻在农村传播的速度已经越来越接近城市。

三、当前影响遂宁文化发展的主要因素

1. 各级领导对文化工作的认识还不够到位

（1）对中央政策的理解存在差异。中央〔2005〕14号文件对各级文化馆（站）、图书馆的公益性性质予以了明确，但个别地方政府以没有明确其财政拨款方式为由，将文化馆（站）部分纳入了差额拨款的范畴，使相关的文化馆（站）生存困难，公益性职能难以正常履行。

（2）经费投入上没有做到"两手硬"。虽然中央、省、市把文化工作一直都放在十分重要的地位，但是，事实上没有做到文化与经济"两手硬"。主要表现在各地党政在对下级党政的目标考核中，文化发展指标过软，或对文化工作的考核基本没有；对文化发展的投入仍然严重滞后于经济的发展，文化硬件投入欠账过多，各级对文化的投入在当地财政所占比例过低，或根本没有指标要求。其主要原因是文化事业的发展对经济发展的贡献具有滞后性，虽然后期的贡献不可估量，但短期的经济收益难以体现；再者，过分强调文化的产业化趋势，忽略了文化产业发展与其他产业发展共有的前期投入效应和市场消费能力的分析。

2. 阵地设施不能满足文化工作的要求

虽然近年来市、县文化馆、图书馆都进行了不同程度的重建和改造，但由于投入不足，阵地设施明显滞后于当地经济和社会事业的发展，不能满足

时代对文化工作的新要求。乡镇、村社的条件则更差一些。

3. 经费缺乏是各级文化部门的普遍问题

不管是市、县还是乡镇、村社，经费缺乏是各级文化部门普遍存在的问题，各级的经费基本上都属于保工资型，干部素质提高的培训、日常文化工作的开展、文化活动的组织、文化设施的增添都是靠各级文化干部自身的能耐去争取或"化缘"，长此以往，与基本横向部门相比，文化部门是大家公认的工作强度大、工作条件差、福利待遇低的清寒部门。

4. 文化队伍素质需要提高

目前遂宁市群众文化队伍老龄化现象十分严重，市级文化馆受编制限制已经十余年没有人员更新，乡镇文化干部多半是 20 世纪 80 年代聘任的老文化专干，人员更新较慢；受经费条件制约，群众文化队伍的干部参加国家和四川省的培训很少，到外地观摩学习也很不够；同样的原因，这一批从基层工作起来的老文化干部，一般都没有到专业艺术院校进行过系统的学习，也缺乏进修学习的机会；接受的新事物、新理念很不够。

四、对遂宁农村文化发展的思考

1. 农村文化建设在促进经济和社会事业发展中的地位和作用

（1）转变农民的思想观念和思维方式，为新农村建设提供有力的思想保障。

（2）改变农民的生活方式，起到移风易俗的作用。

（3）提供学习阵地和条件，提高农民素质，发展农村经济，引导农民致富奔小康。

（4）农村文化市场的兴起和壮大，直接推动农村经济发展。

（5）丰富农民文化生活，占领农村思想文化阵地。

2. 加快构建农村公共文化服务体系

加快建立市、县区、乡镇、村社的公共文化服务网络，构建农村公共文化服务体系。建立各级文化服务机构，多渠道建立农村文化阵地，增添相应的文化设施设备，给基层文化工作者以相应的工作待遇。建立农村文化的经费投入保障机制，保障农村文化的必要投入，形成能保障农村文化正常运转的工作及经费来源渠道。

3. 加大对农村文化基础设施的投入

由于财政体制的改变，乡镇和村社经济目前绝大多数已经没有了自身的收入来源，其基础设施的建设完全依靠上级财政的投入。以目前遂宁市财政状况，根本无力进行如此巨大的投入，需要国家、四川省的大力支持。在具体实施中，可以整合资源，将农村文化阵地建设与农村党员教育基地、计划生育教育基地、村级小学建设结合起来，合理安排，统一管理，既避免重复建设，又便于管理使用。

4. 培养农村群众文化骨干队伍

农村文化的建设与发展离不开农民群众的参与，群众文化素质的高低，将直接决定当地农村文化的水平，培养一大批高素质的农村群众文化骨干是抓好农村群众文化工作的关键所在。建议国家在新农村文化建设中，投入专项资金，参照对农民工进行免费技术培训的办法，对农村文化骨干进行连续不少于五年的免费培训，提高他们的素质，把他们培养成为新农村文化建设的中坚力量。

5. 因地制宜建设特色文化

文化的魅力在于其差异性，这在各地发展旅游产业中已经得到了充分的证明。遂宁历史文化内涵深厚，拥有十分丰富的非物质文化遗产，如果政府加大对非物质文化遗产挖掘的力度，并由文化部门进行分类指导予以传承发展，在农村将可以建成多个各具特色的地域文化圈，从而增强当地的文化吸引力，对农村移风易俗，招商引资将起到不可估量的作用。

6. 加快对农村文化市场的培育

农村文化市场的形成与发展与农村经济的发展和农民收入的增加密切相关，在农民收入不断增加的情况下，地处四川中部的遂宁市农村文化市场正在萌芽，文化市场的形成，是对公共文化体系的补充和完善。政府要加强对农村文化市场的培育，给予其降低审批门槛、税费减免等优惠政策，使农村文化市场能与农村经济同步或优先于农村经济的发展，逐步发展成为农村经济的重要组成支撑。

7. 加强对文化发展规律的研究

随着社会主义市场经济的不断深化与发展，文化工作由计划经济向市场经济转型的不断推进，文化工作面临着很多的新情况、新课题，如：文化事业与文化产业发展的关系问题、文化发展与经济发展的关系问题、文化的经济发展问题以及文化发展自身的规律性研究等问题，都需要进行重新的思考与定位，并成为各级政府制定政策、确定发展目标的依据，不搞一刀切，不搞重复建设，也不搞超前浪费，因地制宜、与时俱进地推进文化的快速发展。

免费开放下文化馆服务网络建设探讨

2011 年初，文化部、财政部《关于推进全国美术馆、公共图书馆、文化馆（站）免费开放工作的意见》要求，到 2011 年年底，全国所有文化馆实现无障碍、零门槛进入，公共空间设施场地全部免费开放，所提供的基本服务项目全部免费。这一要求，大大拓宽了文化馆的服务领域。免费开放的新形势下，文化馆如何利用有限的人才、物力和财力，做好阵地及阵地外的公共文化服务，这里从建设文化馆服务网络，延伸文化馆服务队伍方面进行探讨。

一、免费开放的新机遇和新挑战

实施免费开放，实现和保障人民群众基本文化权益，提高广大人民群众思想道德和科学文化素质，对加强社会主义核心价值体系建设和公民思想道德建设，促进社会和谐稳定具有重要意义。这是我国公共文化服务体系构建的重大举措和重要内容，也是文化馆履行公共文化服务职能的价值回归。是文化馆事业发展千载难逢的大好历史机遇，也是文化馆面临的一场严峻挑战。每一个群众文化工作者，特别是群众文化的管理工作者一定要以高度的文化自觉和文化自信，着眼于提高民族素质和塑造高尚人格，认清机遇，把握机遇，直面挑战，应对挑战，迎势而上，顺时而行，努力实现社会主义文化的大发展大繁荣。

（一）文化馆发展的新机遇

1. 社会各界空前关注

文化馆免费开放，明确了文化馆的职能定位。也引起了地方党委政府、

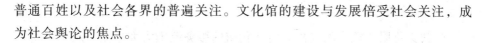

普通百姓以及社会各界的普遍关注。文化馆的建设与发展倍受社会关注，成为社会舆论的焦点。

2. 硬件设施有望改善

在党中央的高度重视下，文化馆的设施建设迎来一个新的发展高峰。许多地方的文化馆作为城市文明提升的标志，纳入了城市规划和建设。文化馆有馆无舍的现象正在成为历史。与此同时，各级地方政府也加大了文化馆公共文化服务设备的投入，文化馆的设备状况正在逐年改善之中。

3. 保障机制正在形成

随着 2011 年初财政部、文化部免费开放意见的出台，以及财政部配套文件的下发，为文化馆免费开放的经费保障机制的形成迈出了可喜的第一步。胡锦涛总书记在"七一"讲话中提出，"要以高度的文化自觉和文化自信，大力发展社会主义先进文化"。我们有理由相信，文化馆免费开放的投入保障机制将加快形成。

4. 文化体制改革有力推进

在庆祝中国共产党成立 90 周年大会的重要讲话中，胡锦涛总书记明确提出（人民网）："发展社会主义先进文化，要加快文化体制改革，加快构建公共文化服务体系，加快发展文化事业和文化产业。"作为公共文化服务体系重要组成部分，文化馆将按照公益性、基本性、均等性、便利性的改革要求，加快推进以提升文化馆公共文化服务能力为目标的文化体制改革，文化馆的服务能力和管理水平必将迈上一个新的台阶。

（二）文化馆面临的新挑战

当前，由于我国公共文化服务的总体水平还不高，城乡发展不均衡的问题仍然比较突出，公共文化资源总量偏少、质量不高，与体现公益性、基本性、均等性、便利性的要求相比，还有很大差距。因此，文化馆免费开放仍面临着严峻的挑战。

1. 服务范围大大拓宽

公共文化服务概念的提出，将文化馆的服务范围大大拓宽，从城市到农村，从机关企事业单位到社区村社，文化馆都应当按照公益性与均等性的要求，做到无差别的免费基本公共文化服务。

2. 服务对象急剧增加

由于公共文化资源总量过低，免费开放实施之后，文化馆的服务对象将急剧增加，不少地区的文化馆一夜之间人满为患。这是老百姓对文化生活的渴求，这给文化馆增添了巨大的服务压力。

3. 服务项目明显增多

免费开放的实施，必将激发群众更多的文化需求，在公共文化资源较少，尚不足以满足广大群众基本文化需求的今天，文化馆必须在原有人力、物力和财力条件下，增设更多的公共文化服务项目，以满足广大群众的多样化基本文化需求。

4. 管理水平要求更高

免费开放，面对蜂拥而至、渴求文化的广大群众，如何让群众满意地享受基本文化权利，对文化馆的管理水平将是一大严峻的考验。

二、建设服务网络是解决当前公共文化服务矛盾的有效捷径

面对众多的机遇与挑战，笔者认为，文化馆当前免费开放中应当着力解决的主要矛盾是：公共文化资源总量偏少、质量不高与广大群众快速增长的文化需求之间的矛盾。

根据免费开放的要求，文化馆的免费开放可以概括为三项：公共空间设施场地免费开放；公共群众文化服务免费提供；为保障基本职能的辅助性服务免费。在具体实施中，第一、三项实施较为容易，第二项的实施面临着较多的困难和问题，这一项也是要解决公共文化资源问题偏少、质量不高中的关键问题，而解决这一问题的关键，就是要调动更加广泛的社会资源，加入

到公共文化服务的行列中，从而达到增加公共文化资源、提高公共文化质量的目的。

笔者认为，要调动更加广泛的社会资源，参与文化馆的公共文化服务，文化馆必须要转变传统观念，拓宽视野，创新思路，紧紧围绕公共文化服务做文章，调动一切可以调动的社会资源，整合一切可以整合的社会力量，建设具有文化馆工作特色的公共文化服务网络体系，这是解决当前乃至今后相当长一个时期公共文化服务供需矛盾的有效捷径。

1. 文化馆要搞好公共文化服务必须依靠社会资源

由于文化馆法规体系的缺失，文化馆工作人员数量的设置没有明确的政策依据，各地文化馆职工人数也千差万别，以地市级馆为例，多的 50 余人，少的则仅有 2~3 人。即使是 50 余人的大馆，仅凭自身业务人员，要做好全市范围的公共文化服务，也是不可能的。

2. 文化馆公共群众文化服务可以整合较多的社会资源

全国各地文化馆在过去几十年的事业发展和业务开展过程中，已经积累了丰富的工作经验，积聚了大量的社会资源，可以在免费开放的实施中予以科学合理的利用。如社区文化辅导员、各类业余文艺团队、大量社会文艺骨干等，都是文化馆可以整合利用的宝贵社会资源。

3. 广大群众素质的提高为文化馆公共服务提供了众多的编外社会骨干

随着广大人民群众文明素质的提高，越来越多的有一技之长的群众，自愿无偿地在社区、在农村组织群众开展以自娱自乐为主的文化活动；更有一些大学生和青年志愿者，加入文化志愿者服务的行列中，成为文化馆的编外辅导干部。

因此，整合社会文化资源，建设文化馆公共文化服务网络，解决公共文化的供需矛盾，有着较好的群众基础，是切实可行的有效捷径。

三、建设文化馆公共文化服务的五大网络

文化馆公共文化服务网络，笔者认为重点可以从建设五支队伍，形成五

大服务网络着手。

1. 建设文化辅导员队伍

各地文化馆在群众文化的辅导中，都不同程度地培养了一批文化辅导员，这些文化辅导员遍布各机关、行业、社区和农村。文化馆在免费开放中，可以完善文化辅导员队伍的建设，合理规划、培养、培训文化辅导员，将业余文化辅导员与专业文化辅导员相结合，合理配置，形成一个遍布城市社区、农村村社、企业、学校、机关事业以及各行业的文化辅导员网络。

2. 建设文化志愿者队伍

2008年，北京市以举办奥运会为契机，成立了文化志愿者管理中心，建立了一支长期活跃在北京群众文化第一线的文化志愿者队伍。这支因奥运而建、以大学生为骨干成员、其他各类文化志愿者为补充的队伍，从成立之初即组织科学、管理规范，成为北京市开展各类公益文化活动的重要生力军。笔者认为，学习北京经验，建设各地文化馆文化志愿者队伍，建立文化志愿者服务体系，形成文化志愿者服务网络，是公共文化服务社会人力资源的重要来源。

3. 建设文艺家协会骨干队伍

文艺家协会，虽隶属文联管理，但各地文化馆却是文艺家协会之家。文化馆经常利用文艺家协会的骨干成员，组织广大文艺爱好者开展各类创作、笔会、演出、展览等活动。免费开放中，文化馆应当更好地建设文艺家协会骨干队伍，有组织、有计划地经常地组织、带领、引导文艺家协会开展更加丰富多彩的协会活动和有意义的公共文化服务活动，团结、凝聚文艺家队伍，形成当地的文艺家协会公共文化服务网络。

4. 建设业余文艺团队队伍

业余文艺团队是文化馆开展群众文化活动的骨干力量。这些队伍有依附于单位或组织的（包括文化馆自身建立的），有不依附于任何单位或组织的民间团队。近年来，笔者所在的文化馆采取备案登记的方式，将不依附于任何单位或组织的民间队伍组织起来，规范他们的活动，对他们进行培训、指导和辅导，并组织他们开展比赛活动，将他们转变成为文化馆旗下的有组织的群众业余文艺队伍，也将文化馆的公共服务网络延伸到更加广泛的社会角落。

5. 建设文化馆站自身的业务队伍

文化馆站是国家公共文化服务体系的重要组成部分，文化馆站的服务网络遍布城乡。实施免费开放，保障广大群众的基本文化权利，对文化馆站业务队伍提出了更高的素质要求。各级文化馆站要创新思路，积极探索和建立与免费开放相适应的体制机制，建设一支业务技能过硬、服务能力较强、管理水平较高的文化馆站业务干部队伍。也只有在文化馆站自身队伍过硬的情况下，才能较好地建设以上几支文化馆公共服务队伍，起到较好的带动、指导和引导作用，使5支队伍、5个服务网络在文化馆公共文化服务中发挥出更好的作用，做出更大的贡献。

全面贯彻科学发展观
努力实现公共文化服务创新

以人为本、全面协调可持续发展的科学发展观，是我们党从新世纪、新阶段党和国家事业发展全局出发提出的重大战略思想；是推进社会主义经济建设、政治建设、文化建设和社会建设协调发展的理论基础；是指导公共文化建设，实现公共文化服务创新的强大思想武器。树立和落实科学发展观，具体到公共文化服务建设上就是要树立和落实新的公共文化服务观，努力实现公共文化建设在服务理念上、服务手段上、服务效果上的创新。

党的十六大以来，我们党根据新形势、新任务，明确提出"以人为本、全面协调可持续发展"的科学发展观。党的十七大再次系统、全面地阐释了新世纪、新阶段我国在加快推进社会主义现代化建设中，必须全面贯彻科学发展观的极端重要性。如何全面领会和落实科学发展观的深刻内涵和基本要求，这不仅给奋进在民族振兴战线的每一位建设者提出了全新的要求，更给我们奉献于先进文化建设的耕作者奏响了冲锋最强音。因此，在创新公共文化服务，繁荣和丰富群众文化活动，构建公共文化服务体系中，必须以科学发展观为指导，树立和落实新的群众文化服务观，全面推进公共文化服务体系的构建。

一、公共文化服务的创新，必须坚持以科学发展观为指导

1. 科学发展观是开放的不断前进不断完善的先进理论

以胡锦涛同志为总书记的党中央，紧紧围绕建设中国特色社会主义这个发展主题，准确把握时代特征和中国国情，认真研究和回答我国社会主义经

济建设、政治建设、文化建设、社会建设及党的建设面临的系列重大问题，不断总结实践经验，不断扩展理论视野，不断做出科学概括，形成了"以人为本、全面协调可持续发展"的科学发展观这一重大发展理论。

科学发展观坚持把发展作为第一要义，把以人为本作为核心，把全面协调可持续发展作为基本要求，突出了实现经济社会既快又好、和谐发展为实质的精髓内容，回答了什么是发展、为什么要发展、怎样发展等重大问题，赋予了马克思列宁主义、毛泽东思想、邓小平理论关于发展思想新的时代内涵和实践要求，是与时俱进的先进理论。

2. 科学发展观是新的公共文化服务观的坚实理论基础

中共中央、国务院在《关于深化文化体制改革的若干意见》中明确提出，全面落实科学发展观，是树立与社会主义市场经济体制相适应的新的文化发展观。作为科学发展观在文化建设上，特别是在公共文化服务创新上的理论运用，新的公共文化服务观有着全新的文化含义，在遵循文化生产、发展与建设特有规律的基础上，新的公共文化服务观包括公共文化服务的地位与作用、方向与动力、思路与格局、目的与效果等实质内容。

科学发展观强调全面发展，坚持以人为本、注重统筹协调和可持续发展，强调以经济建设为中心，把发展生产力作为首要任务。而文化作为一种生产力，其迸发的力量已深深熔铸在一个民族的生命力、创造力和凝聚力之中，承载着提高全民族思想文化素质，保障人民群众基本权益，满足人民群众日益增长的精神文化需求的重任，是促进经济、社会发展强大的"助推器"。落实科学发展观的时代主题要求把建设社会主义先进文化摆到突出地位，把着力推进文化生产力发展作为重点，把文化建设与经济建设、政治建设、社会建设一道全面发展作为核心，把统筹协调发展作为基础，把可持续和谐发展作为保证，这是科学发展观在新的公共文化服务观中的实践体现。新的公共文化服务观要突出坚持党对公共文化工作的领导，坚持社会主义先进文化的前进方向，在公共文化服务创新上和公共文化服务体系构建中始终如一地以"二为"方向、"双百"方针和"三贴近"原则为指导，坚持从群众中来到群众中去；坚持促进城乡文化发展和谐统一；坚持可持续再生发展，体现文化的传承性和延续性。做到这点的关键是正确理解和对待公共文化的多重性和效益双重性，在看到公共文化的意识领域形态的社会效益同时，加大公共文化的经济发展创新能力，实现公共文化的经济价值，不断提高公共文化进步对经济的贡献率，这是科学发展观精神实质在新的公共文化服务观中的核心表现。

3. 科学发展观是推进公共文化服务创新的强大思想保障

科学发展观要求正确处理经济发展与社会进步、发展速度与效益、改革发展与稳定等社会主义现代化建设中系列重大关系，在大力推进经济建设的同时促进政治、文化、社会共同发展。科学发展观提出了统筹兼顾的根本要求，强调总揽全局，科学筹划，协调发展，兼顾各方，使各个方面、各个环节协调一致地运转。科学发展观着眼于中华民族的长远利益，以前瞻的眼光创新发展模式、健全发展机制、提高发展质量，努力实现经济与社会、人与自然的良性互动。科学发展观坚持正确处理中心与全面、重点与非重点、平衡与不平衡的关系，注重加强经济社会发展的薄弱环节，实现发展的均衡和协调，充分体现了唯物辩证法在发展问题上的科学运用，是指导我们推进公共文化服务创新的根本方法，是全力构建公共文化服务体系强大的思想保障。

二、履行公共文化服务职能，必须树立新的公共文化服务观

树立和落实科学发展观，表现在文化馆公共文化工作中就是要树立和落实全新的公共文化服务观。新的公共文化服务观作为科学发展观在公共文化服务建设上的科学诠释，是推进公共文化服务体系建设实践的理论指导。

1. 树立新的公共文化服务观，必须更加突出以人为本

以人为本，归根到底就是以人民群众的根本利益为出发点。"以人为本"体现在公共文化服务建设上，就是要更加自觉地关注以公共文化的发展和进步来促进人的全面发展和进步。我们所说的"以文化人"，就是始终如一地坚持公共文化建设为人民群众服务；就是始终坚持在"二为"方向、"双百"方针和"三贴近"原则的指导下，努力体现最广大人民群众的文化利益；就是弘扬主旋律，提倡多样化；就是坚持以优秀的作品鼓舞人，以优秀的活动导化人；就是大力发展先进公共文化，支持健康有益的公共文化，努力改造落

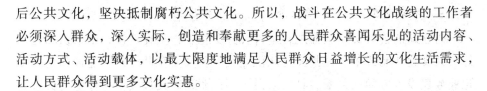

后公共文化，坚决抵制腐朽公共文化。所以，战斗在公共文化战线的工作者必须深入群众，深入实际，创造和奉献更多的人民群众喜闻乐见的活动内容、活动方式、活动载体，以最大限度地满足人民群众日益增长的文化生活需求，让人民群众得到更多文化实惠。

2. 树立新的公共文化服务观，必须把发展作为第一要务

科学发展观是用来指导发展的，所以，坚持科学发展观，树立新的公共文化服务观，就不能离开发展这个主题。公共文化工作千头万绪，因此，必须牢牢抓住繁荣发展这个核心，坚持以建设为重的思想，聚精会神搞建设，一心一意谋发展。公共文化工作者应切实增强建设意识，强化建设职能，做好建设文章，扎实推进公共文化服务体系思想理论建设、组织队伍建设、规章制度建设、基础设施建设和公共文化业务建设，努力实现公共文化事业的繁荣发展。

3. 树立新的公共文化服务观，必须坚持正确的文化政绩观

正确的文化政绩观是科学发展观的重要内容，是新的公共文化服务观的具体表现。树立正确的文化政绩观，就是要坚持用全面的、实践的、群众的观点去看待、检查和评价公共文化工作的成败得失。不仅要看到公共文化建设的现实社会效应，而且要看到公共文化建设的长期效应和战略效应；不仅要把公共文化建设的价值定位于为现代化建设提供思想保证、智力支持和精神动力，而且要把公共文化建设的价值定位于不断满足人民群众日益增长的文化需求；不仅要看开展公共文化工作取得工作成就的客观条件，而且要看公共文化工作者主观努力的程度；不仅要看提高的程度，而且要看普及的广度，等等。总之，坚持正确的文化政绩观，是坚持科学发展观的客观要求，是坚持新的公共文化服务观的实践要求。因此，坚持正确的政绩观，必须大兴求真务实之风，必须充分尊重各地的具体实情，充分尊重各地的公共文化发展程度，充分挖掘和利用当地的公共文化积淀，在尊重公共文化自身发展规律的基础上，制定长期的公共文化发展规划，做到既不急于求成，又不消极等待，既积极又稳妥，体现公共文化建设的全面性、协调性和可持续性，为公共文化服务体系的构建铺垫"基石"。

4. 树立新的公共文化服务观，必须合理统筹建设中各种关系

树立新的公共文化服务观，坚持公共文化工作重在建设，必须认真处理好公共文化体制改革、公共文化队伍建设、公共文化基础设施建设和公共文化业务建设等方面的关系。具体来说，一是要正确处理改革与稳定的关系。稳定是公共文化事业发展的基础，只有不断深化公共文化体制改革，才能不断激发公共文化活力；二是要协调好公共文化事业和公共文化产业的关系。要坚持一手抓公共文化公益事业的发展，加强保障和扶持力度，一手要抓公共文化产业的发展，加强市场机制对公共文化发展的促进作用；三是要统筹城乡公共文化发展。必须大力加强农村公共文化建设，切实加强群众文化的基本阵地、基本队伍、基本活动内容和基本活动方式的建设，努力改变当前城乡公共文化建设差距过大、农村公共文化建设基础薄弱的问题，着力推动城乡一体化发展和共同繁荣；四是要加强公共文化人才队伍建设。要把人才战略作为繁荣公共文化事业的根本战略，形成尊重知识，尊重人才，尊重劳动、尊重创造的浓厚风气和有效机制，促进各类人才脱颖而出，为公共文化事业建设、公共文化产业发展提供智力支持。

三、树立新的公共文化服务观，全面推进公共文化服务体系建设

全面推进公共文化服务体系建设，坚持科学发展观是根本，运用新的公共文化服务观是保证，"突出发展、贵在创新"是措施。

1. 建立充满活力的新型公共文化运行机制

深入推进公共文化体制改革，深化用工制度、分配制度和社会保障制度改革，坚持项目考核和绩效考核相结合，形成人员能上能下、薪酬能高能低、员工能进能出的以实绩论英雄、以发展为根本的全新发展机制。

（1）改革人事制度，建立与文化生产力发展相适应的新型用人机制。一是建立面向社会的公开招聘制度。对新进人员，实行面向社会的公开考聘制，对某些可以社会化的工作项目，实行面向社会的以项目为核心的项目招标制；二是打破人员聘用的身份界线，形成人才资源的共享和有序流动；三是科学

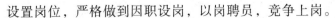

设置岗位，严格做到因职设岗，以岗聘员，竞争上岗。

（2）改革分配制度，建立分配科学合理的长效激励机制。一是全面推行岗位工资制，以岗定酬；二是以项目为核心，推行项目经费包干制；三是推行奖励工资制度，强化业务导向。

2．培养造就一批拔尖的公共文化服务型领军人才

（1）营造良好成长环境。在深化体制改革的基础上，营造一个有利于优秀人才成长和脱颖而出的人才成长环境。同时，有选择地引进拔尖人才，促进各类人才在良性竞争和交流互动中成长。

（2）加强人才队伍培养。要建立人才培养机制，采取请进来、送出去的方式，定期组织选送人员参加专业培训，提高各类公共文化岗位人员素质，为人才的成长和发展提供平台。

（3）造就公共文化服务领军人才。一是强化宏观调控，调动全社会参与公共文化建设积极性；二是打通市场渠道，在市场中培养造就一批拔尖的公共文化艺术、服务领军人才；三是制定扶持政策，为造就拔尖公共文化领军人才进行有力的政策支持。可通过建立政府公共文化艺术生产、研发的扶持和奖励基金，形成一个全国性的文化人才聚集地，从而为拔尖的公共文化领军人才的产生提供资源储备。

3．建设一批高品位公共文化基础设施

规划和分步实施建设一批高品位的公共文化基础设施，一是依靠政府投资，兴建各类标志性的大型公共文化设施；二是依靠政府支持，吸引社会资金和引进外资，多渠道筹资，改造建设一批档次较高的公共文化设施。

4．大力开展人民群众喜闻乐见的群众文化活动

一是由政府出资组织社区文化节和农民艺术节，以此带动社区和农村公共文化活动的蓬勃开展；二是加强城市广场文化活动的规划和管理，引导社区、企业、学校、行业开展公共文化活动；三是积极开展送文化下乡活动，支持农村电影"2131"工程；四是大力繁荣文艺舞台，通过抓好学生艺术教育和社会艺术培训，造就一批文艺骨干；五是加大政府投入，长久性地定期开展面向普通群众的农村、社区公共文化活动；六是激发社会兴办公共文化的热情，调动各方面的有利因素，丰富群众文化内容和形式。

公益性艺术培训的引导与发展

2015年初，中共中央办公厅、国务院办公厅下发《关于加快构建现代公共文化服务体系的意见》，文件中首次提出了"全民艺术普及"的要求。同年，中国文化馆协会召开年会，将"全民艺术普及——文化馆的责任与使命"作为年会主题，对全民艺术普及进行了深入的探讨。自此，全国文化馆系统以全民艺术普及为己任，积极探索实践。笔者所在的四川省遂宁市文化馆也结合自身实际，进行了有益的探索，特别是在引导社会艺术培训机构参与公益性艺术培训，努力扩大公共文化供给方面进行了积极实践。

全民艺术普及涵盖了全民艺术知识普及、全民艺术技能普及、全民艺术鉴赏普及和全民艺术活动普及等内容。要较好实现全民艺术普及的目标，文化馆人必须提高认识，转变观念，以公共文化供给侧改革为突破口，充分调动包括文化企业、非营利性组织、社会文艺骨干等社会资源，重新审视文化馆的培训中心、辅导中心、创作中心、研究中心和非遗保护中心的职能任务的实现路径，实现文化馆"办文化"职能向"办文化与导文化相结合"的职能转变。

社会艺术培训是改革开放以来发展起来的市场化文化艺术培训，近些年来，随着广大群众生活水平的提高，社会艺术培训呈现出快速增长的发展势头，培训学生快速增加，培训机构迅速增长，较好地满足了广大群众学习艺术知识和艺术技能的需要。公益性艺术培训是文化馆传统职能手段之一，但仅仅依靠文化馆一己之力，是难以实现全民艺术普及目标的。面对新的形势，文化馆要主动引导社会艺术培训资源，加入到公益性艺术培训的行列中来，大力发展壮大公益性艺术培训，为公益性艺术培训注入新的生机与活力。

一、发展公益性艺术培训是增强公共文化供给的新要求

（一）公益性艺术培训存在的问题

公益性艺术培训是文化部门开展公众社会艺术教育的传统手段之一，几十年来取得了很好的社会效益，培养了大批的社会文化艺术骨干人才，但是，目前的公益性艺术培训存在着以下几个方面的问题。

1. 公益性艺术培训的阵地设施越来越不能满足群众需要

面对如潮的群众文化需求，公共文化事业单位不论是阵地设施还是师资力量，都远远不能满足广大群众的需要。无论是条件较差的老馆小馆，还是新建的上万平方米的新馆大馆，都难以满足覆盖区域内几十万上百万的群众的需求。

2. 公益性艺术培训的师资力量越来越不能满足群众需要

作为文化事业单位，每个文化馆都有政府核定的人员编制，小的区县馆一般只有几人至二三十人，大一点的市州馆一般也只有二三十至四五十人，要满足区域内所有群众的艺术培训需要是不可能的。

3. 公益性艺术培训的经费支持越来越不能满足群众需要

虽然在国家的大力推动下，近些年公共文化的经费有了很大程度的增长，基本能够维持公益性文化事业单位的正常运转，但是，要满足区域内所有群众接受艺术培训的需要，除了极个别经济特别发达地区财政对文化事业单位能够给予特别的支持外，如成都市龙泉驿区政府每年预算 600 余万元，专门用于免费开办市民艺术学校，国内其他绝大多数地区都是不可能做到的，这就限制了公益性艺术培训的发展。

（二）发展公益性艺术培训的必要性

作为公共文化供给的重要手段之一，大力发展公益性艺术培训，既是时

代对文化馆提出的新要求，是文化馆使命使然，也是广大人民群众的文化需要。

1. 发展公益性艺术培训是党和政府的新要求

中办、国办在《关于加快构建现代公共文化服务体系的意见》中，要求"加强公共文化产品和服务供给"。公益性艺术培训作为公共文化服务供给的重要内容，承担着传播文化艺术知识、传授文化艺术技能的任务，自然也在加强之列。只有大力发展公益性艺术培训，才能丰富和发展公共文化产品和服务供给体系，达到丰富公共文化供给，提高公共文化服务效能的目的。

2. 发展公益性艺术培训是文化馆的使命使然

公益性艺术培训是文化馆履行职责的传统公共服务项目之一，是文化馆服务公众的主要手段。不断满足广大人民群众日益增长的文化艺术知识和文化艺术技能的需要，是文化馆公共文化的内在要求。自从中央提出全民艺术普及的要求以后，文化部将这一任务作为职能交给文化馆，是对文化馆传统职能的现代诠释，这也是赋予文化馆的新的历史责任和使命。

3. 发展公益性艺术培训是广大群众的文化要求

随着我国市经济的快速发展，人们的生活水平迅速提高，解决了温饱即将进入小康生活的人们，转而开始对文化生活的要求。近些年广场舞的现象，就是中老年群体文化需求的一种外在表现。而人们的文化需求，决不仅限于广场舞，而是越来越呈现出需求群体迅速增大、需求内容多样化的特点。面对迅速增长的广大群众的文化需求，中央国务院提出以需求为导向，努力增强公共文化供给以满足人们需要。积极发展公益性艺术培训，则是满足人们需要的重要途径之一。基于以上认识，大力发展公益性艺术培训是任务十分紧迫而必要。《关于加快构建现代公共文化服务体系的意见》给我们指明了方向，"鼓励和引导社会力量参与……吸引社会资本参与公共文化服务"。因此，吸引、鼓励和引导社会艺术培训机构参与到公益性艺术培训中，是当前发展公益性艺术培训的大势所趋和努力方向。各级文化部门应主动通过供给侧改革，鼓励、引导社会力量参与到公共文化服务中，既弥补公共文化服务单位力量之不足，又能较好地满足群众需求，不失为一项双赢之举。此举只要引导得法，管理服务到位，必将成为公共文化服务供给侧改革的成功实践。

二、社会艺术培训机构参与公益性艺术培训的可行性分析

社会艺术培训机构目前的发展现状，已经基本具备了开展公益性艺术培训的内外条件。

（一）社会艺术培训机构有参与公益性艺术培训的内在动力

鼓励、吸引和引导社会艺术培训机构参与公益性艺术培训服务，对社会艺术培训机构而言，有着浓厚的兴趣愿望和较大的参与热情。他们对参与公共文化服务有着自身的内在需求。社会艺术培训机构愿意参与公益性艺术培训有如下原因。

1. 提升社会形象的需要

社会艺术培训机构作为民营文化企业，他们很希望借助参与公益性事业提升自己的社会形象。

2. 宣传自我的需要

社会艺术培训机构作为企业，无时不在思考对自身的宣传，对于参与公益性文化活动这样的企业宣传自我的良好机会，他们自然不愿轻易错过。

3. 成果展示的需要

社会艺术培训机构作为文化企业，自己个人的力量很微薄，希望借助政府和事业单位之力，给自己更多的展示机会，增加企业的知晓度、知名度和美誉度，进而树立企业文化品牌。

（二）社会艺术培训机构有参与公益性艺术培训的外在条件

1. 大量的师资队伍

随着文化艺术培训市场的兴起和发展，人们的择业观也随之发生着变化。

艺术培训市场兴起之初，社会艺术培训机构的教师基本上是各公立学校教师兼职，没有自己独立的师资队伍。随着艺术培训市场的不断发展，社会艺术培训机构的专职教师逐步增加，现在已经发展成为一支庞大的师资队伍。据不完全统计，遂宁市城区现有各类社会艺术培训机构60多家，专职教师100余人，其中不乏优秀的专业艺术教师。随着市场需求的扩大，社会培训机构师资队伍正呈不断上升趋势，已经远远超过了市、区两级公共文化服务单位的艺术培训师资力量。

2. 适合的培训阵地

社会艺术培训机构经过初期的创业期后，开始注重企业的长远规划和发展，对培训阵地也有了较高的要求。一些发展较好的社会艺术培训机构的培训阵地从装饰装修到培训的硬件条件，都达到了相关专业性的要求，有的硬件条件远高于公共文化事业单位。遂宁市城区现有社会艺术培训机构的培训总面积达到约10万平方米，是城区公共文化服务培训阵地的10倍以上。

3. 规范的内部管理

社会艺术培训机构在激烈的市场竞争中，出于自身发展的需要，必须规范企业管理。稍有一定规模的社会艺术培训机构都有自己的管理规范和规章制度，具备承担公益性艺术培训的管理基础。

（三）社会艺术培训机构有与文化馆长期合作的良好基础

1. 社会艺术"考级"是社会艺术培训机构与文化馆的联系纽带

社会艺术水平考级工作是文化部指导监管下的通过艺术考试的形式对学习艺术人员的艺术水平进行测评和给予指导的活动。虽然社会艺术水平考级已经与高考、中考等升学考试脱钩，但是，作为社会艺术培训学习的成果检验，每一个社会艺术培训机构每年必定要组织学生参加社会艺术考级工作。虽然在国家和省一级，有着社会艺术水平考级资质的机构众多，且各自为政，但深入到市一级市场，不论是音乐、舞蹈还是美术考级，文化馆基本上都是主要承办者。在此意义上，可以说社会艺术考级工作是联系社会艺术培训机构和文化馆的重要纽带。

2. 社会文化活动把社会艺术培训机构和文化馆紧密地联系在一起

社会艺术培训机构不论是自身宣传需要，还是学生学习成果展示需要，都是社会文化活动的组成部分之一。在很多的活动中，作为参与者的社会艺术培训机构与作为组织者的文化馆有着很多工作交集，通过活动增进彼此之间相互了解和情感，利于相互的进一步沟通与合作。

基于以上认识，鼓励、吸引和引导社会艺术培训机构参与公益性艺术培训服务，有着较成熟的必备条件，是完全可行的。

三、社会艺术培训机构参与公益性艺术培训的思考与探索

虽然社会艺术培训机构参与公共文化公益性艺术培训的条件已经具备，要顺利推进实施，笔者根据自身所在文化馆的工作实际，认为需要围绕"一个中心"，抓住"两个关键"，做好三个服务。

（一）围绕公共服务中心

鼓励、吸引和引导社会艺术培训机构参与公益性艺术培训服务，一定要紧紧围绕公共文化服务这一中心，始终把社会效益放在首位。社会艺术培训机构是文化类企业，赢利是企业的核心和根本。但是，不论社会艺术培训机构参与公益性艺术培训的背后有多少利益的因素，都一定要确保公益性艺术培训公共文化服务的公共属性。只有这样，才能保持公益性艺术培训的纯粹性，不至于陷入利益格局中而偏离公益性的轨道。围绕这一中心，笔者所在的遂宁市文化馆采取挂牌公示的合作方式，由遂宁市文化馆与合作的社会艺术培训机构签订合作协议，约定对社会艺术培训机构所开展的公益性艺术培训加挂遂宁市文化馆某某分馆的牌子，并在对其开展的公益性艺术培训项目进行审查后，在各类媒体上予以公布，实行全市公益性艺术培训统一规划、统一宣传、统一管理，确保公益性。

（二）抓住"鼓励"和"吸引"两个关键

鼓励、吸引和引导社会艺术培训机构参与公益性艺术培训服务，要紧紧抓住"鼓励"和"引导"两个关键环节。所谓"鼓励"，就是以参与公益性文化活动的社会荣誉来激励社会艺术培训机构，使其企业内部，有着一种因参与公益性艺术培训而产生的社会责任感，同时，让社会各界因其参与公益性艺术培训而对其尊重。所谓"引导"，就是要围绕社会艺术培训机构参与公益性艺术培训做好相关的服务工作，通过相关的服务让其感受到开展公益性艺术培训并不困难，同时还会给企业带来良好的社会效益和潜在的经济效益。

（三）做好"培训""辅导""活动"三项服务

在鼓励、吸引和引导社会艺术培训机构参与公益性艺术培训服务的同时，作为文化部门，还需要做好三项服务工作。

1. 培训服务

针对社会艺术培训机构的师资开展两个方面的培训服务。一是对社会艺术考级师资培训。社会艺术考级是联系社会艺术培训机构与文化馆的纽带，文化馆组织开展对社会艺术培训考级师资的免费培训，既可以提高培训机构的师资水平，从而提高学生的学习质量，也可以达到提高全民艺术知识与技能普及的实际效果；二是对公益性艺术培训师资的培训。社会艺术培训机构开展的公益性艺术培训作为公共文化服务的延伸，需要区别于市场培训，特别是在培训的标识、背景等方面，都需要有公共文化服务的特别要求，以强化公共文化服务的专供性。

2. 辅导服务

结合文化馆的职能特点，对社会艺术培训机构开展两个方面的辅导服务。一是对培训机构的管理人员进行管理辅导。邀请国内、省内社会艺术培训的优秀管理人才，通过座谈会、培训会等方式，对市级培训机构的管理人员进行辅导提高；二是对优秀学员进行重点辅导。组织在每年社会艺术考级中表现优秀的学员建立专业团队，定期开展活动，并对他们进行专业性提升辅导，或推荐参加全国、全省比赛展演活动等。

3. 活动服务

开展群众性文化活动是文化馆的职能特点。文化馆可以通过三类活动做好服务。一是组织开展各社会艺术培训机构培训成果展演活动。利用节假日，由文化馆搭台，培训机构唱戏，为每个社会艺术培训机构提供一天展示时间，让培训机构将其培训成果充分亮相；二是组织开展全市优秀社会艺术培训成果展演。遴选各社会艺术培训机构的优秀节目，组织一次较高质量的演出展示活动，提高整个社会艺术培训班社会影响力；三是支持社会艺术培训机构的自办活动，对社会艺术培训机构组织策划较好，符合公益性特点的活动项目，可以视情况分别采取参与主办、活动指导、共同联办等方式，给予支持。

通过以上工作，鼓励、吸引和引导社会艺术培训机构参与到公益性艺术培训服务，可以收到三个方面的效果：一是可以较好地解决公益性艺术培训总量不足的问题，使公共文化服务延伸更宽，覆盖更广；二是可以较好地解决公益性艺术培训多样性需求，各艺术培训机构结合各自所长开展的公益性艺术培训，形式更加多样，内容更加丰富；三是可以为社会力量参与公共文化服务走出一条新路，为其他公共文化服务领域鼓励、吸引、引导社会力量参与提供值得借鉴的经验。

浅谈乡镇综合文化站群众文化活动的组织

乡镇综合文化站是社会主义新农村文化建设的主阵地，是实现和保障广大农民群众的基本文化权益的重要载体，是构建农村公共文化服务体系的关键环节，加强乡镇综合文化站的建设，是贯彻落实党的十七大精神，不断满足农民群众日益增长的精神文化需求的因势之举，对促进农村经济、政治、文化、社会协调发展，具有重要意义。乡镇综合文化站建设的重要内容之一的群众文化活动的组织与开展，则是乡镇综合文化站建设中最具活力和创造力的因素，是乡镇文化软实力的实现途径，也是乡镇综合文化站职能履行优劣、群众满意度评价的重要标准，是乡镇综合文化站工作的"活的灵魂"。

在此，仅就笔者的工作实践和思考，对四川省相对贫困地区乡镇综合文化站做粗浅的探讨。

一、坚守一个核心

乡镇综合文化站是国家设在乡镇的公益性文化事业单位，是乡镇党委政府统筹辖区内文化事业建设、文化产业发展和文化市场监管的工作机构，围绕党和国家的中心开展文化工作是其首要的工作职责和任务，因此，乡镇综合文化站的所有活动都必须坚守社会主义核心价值体系这一核心。在乡镇综合文化站组织开展所有活动时，要有意识地坚持把马克思主义中国化最新成果、爱国主义为核心的民族精神、以改革创新为核心的时代精神等以文艺的表现形式、潜移默化地融入群众文化的活动中去，在更好保障农村群众基本文化权益、更加丰富农村文化生活的同时，使农村群众的精神风貌更加昂扬向上，从而实现乡镇综合文化站的宣传教育职能。

二、建好两支队伍

目前，在四川省相对比较贫困的乡镇，农业产业化水平还很低，工业企业很少，农村劳动力大量外流，占人口约三分之二的中青年劳动力长年在外打工，日常在家人员几乎是由留守老人和留守儿童组成的"六一九九（"六一"指儿童，"九九"指老人）部队"。因此，乡镇综合文化站要重点建好老年文艺队伍和少儿文艺队伍，发挥好这两支队伍在乡镇综合文化站文化活动开展中的主力军作用。

老年文艺队伍是全国城市、农村中最活跃的队伍，在乡镇综合文化站的活动开展中占有十分重要的地位，发挥着重要的作用。一是乡镇农村老年人生活内容单一，时间富裕，可以参与经常性的群众文化活动；二是老年人是中国民族民间文化的重要传承人，是农村非物质文化遗产的坚守者，他们在有意无意之间，传承着中国文化传统；三是老年人在经历了从贫穷逐步走向小康的生活历程，普遍萌生了追求精神享受的愿望，参与文化活动的热情较高。

在过去的工作中，我们只注重了老年文艺队伍的建设，常常忽略了占乡镇相当人口的少儿文艺队伍建设。近年来，我们逐步认识到，少儿文艺队伍是乡镇文艺队伍建设的一支不可忽视的生力军。首先，少儿在数量上与老年人基本相当或超过了老年人数；其次；少儿容易接受新事物，对提高乡镇艺术水平，对乡镇文化活动形式和内容的创新具有积极的推动作用；最后，少儿文艺队伍组建较为容易，组织工作相对简单容易。

应该说，乡镇综合文化站只要抓住抓好了老年和少儿这两支基础文艺队伍，取其所长，他们必将在乡镇文化活动中大展身手。

三、做到三个结合

党的十七大报告提出推动社会主义文化大发展大繁荣的奋斗目标，要求我们每一个群众文化工作者，既要弘扬中华传统文化，又要推进文化创新，要在时代的高起点上推动文化内容形式、体制机制、传播手段创新，解放和发展文化生产力。

　　乡镇综合文化站群众文化活动的组织，要认真遵循这一指导思想，紧密结合当地群众文化工作的实际，组织开展富有浓郁地方文化特色的文化活动，做到农民群众喜欢看，文艺队伍乐意参与，乡镇领导愿意支持。在活动的组织开展中，要做到三个结合。

　　第一，与传统文化活动、内容相结合；

　　第二，与时代潮流、现代科技相结合；

　　第三，与党委政府的中心工作相结合。

数字文化馆理想模型探讨

互联网从出现到快速发展，正在改变着人们的学习、工作和生活，是一个新型文化阵地空间。互联网已经成为一个巨大的新型的文化传播阵地空间，正在改变着我们的生活，数字文化馆随之应运而生，各地数字文化馆在探索中前进。

党的十八届三中提出了"建立健全现代公共文化服务体系"的新课题，在公共文化服务体系前特别加上了"现代"一词，其寓意深刻，引人深思。笔者认为，"现代"一词，既是对公共文化服务体系管理模式的新要求，更是对公共文化服务体系服务方式、服务内容的新要求。作为公共文化服务体系重要组成部分之一的文化馆，应当主动作为，与时俱进，更新服务方式和服务内容，特别要在传统文化服务形式内容与数字网络科技的融合上加快步伐，占据数字服务和互联网服务空间中公共文化服务的制高点，在数字服务与互联网空间中更好地发挥文化馆引领风尚、教育人民、服务社会、推动发展的作用。

如何建设数字文化馆，这是近年来全国文化馆系统讨论探索的一个热门话题，国家文化部对此高度重视，由全国公共文化发展中心牵头开展系列前期工作，建立了"全国数字文化馆建设平台"。全国各地文化馆结合自身的实际积极探索，积累了宝贵的实践经验。

一、全国数字文化馆建设模型现状

纵观全国各地数字文化馆建设模型，大体上可以分为三大类。

1. 作为传统宣传平台式的数字文化馆

此类模型在现阶段数字文化馆的探索中较为普遍，约占数字文化馆总量的 90%。其主要沿袭了各级政府网站的传统模型，把数字文化馆作为自身工作的宣传平台，属于"信息+宣传"模型，其网站往往缺乏时代气息，死气沉沉，没有活力，点击浏览量极低。

2. 作为实体再现式的数字文化馆

此类模型是对数字文化馆的有益探索，其基本做法是：将现实的文化馆以 3D 动漫实景参与的形式呈现于网络空间，参与者既可以在网络中参观文化馆全貌，又可以在各功能室内体验参与各类文化活动。在参与性、互动性方面有较大的突破。如成都市文化馆等在初期探索中建立的数字文化馆。此类模型在全国仅有个别文化馆探索尝试。

3. 作为阵地体验式的数字文化馆

此类模型是实体文化馆在数字体验方面的重大突破。其基本做法是：在文化馆实体阵地上开设数字化体验区，将文化艺术培训、辅导、鉴赏等内容进行数字化开发，使参与者在数字文化馆中，既能接受各类文化艺术知识，又能体验数字化成果带来的乐趣。其趣味性强，科技含量高，互动效果好，开创了文化馆开展公共文化服务数字化的全新模型。此类模型在重庆市北碚区文化馆等个别文化馆已有成功探索和实践。

二、现行数字文化馆模型的优劣势分析

笔者认为，现存三类模式的数字文化馆，各有优劣，都还不尽完善。

1. 传统宣传平台式的数字文化馆优劣势

传统的宣传平台式数字文化馆名为数字文化馆，其思维并未进入数字文化馆的服务空间，还停留在传统媒体的单向传输模型上，缺乏互动性、参与性和趣味性，因而点击率普遍很低，不能发挥数字文化馆应有的作用。但是，部分文化馆在特色上颇下功夫，将地方文化资源、特色文化服务等内容搬到网络空间，使其地方特色鲜明，也使数字文化馆丰富多彩。

2. 实体再现式的数字文化馆优劣势

实体再现式数字文化馆虽为探索期过渡型的数字文化馆，但其在模型探

索上却不可忽视。该类数字文化馆从思维上彻底颠覆了第一类数字文化馆的模型概念，以一种全新的理念设计数字文化馆，其在数字科技体验、互动性思考、情景式参与以及数字文化馆培训、辅导、鉴赏和资源获取等方面都有了雏形的设计。其不足之处在于，互动方式简单单一，情景模型流畅性相对较差，操作略显烦琐，缺乏趣味娱乐性，对参与者缺乏长久的吸引力。

3. 阵地体验式的数字文化馆优劣势

阵地体验式的数字文化馆是实体文化馆数字化体验的重大突破。该类数字文化馆充分利用数字技术在文化艺术学习、培训领域的成果，将其完美展现于参与者面前，让参与者充分体验现代科技给传统文化艺术的学习带来的新的乐趣，参与性、趣味性极强。其在文化馆阵地服务中的应用，将大大增强文化馆的服务方式时代感，使文化馆在引领时尚中，达成教育人民，服务社会，推动发展的作用。同时，也为网络数字文化馆提供了新的思路和借鉴。但是，笔者个人认为，此类数字文化馆作为阵地服务，还需与传统模式的阵地文化馆有机结合，实现其服务功能和服务方式上的无缝衔接，方能形成公共文化服务的可持续性发展。

三、未来数字文化馆理想化模型探讨

笔者认为，未来数字文化馆应当包括实体阵地型数字体验式文化馆和互联网数字文化馆两个方面，两个方面相辅相成，互为依托。这里笔者仅就互联网数字文化馆理想化模型做初步探讨。

1. 数字文化馆理想模型的特点

互联网数字文化馆，其模型架构应当为理想中的文化馆，实体文化馆中因各方面条件制约不能实施的服务内容，均可以在互联网数字文化馆中得以实现。互联网数字文化馆的工作目标是：以文化艺术与现代数字科学相结合的形式传播社会主义核心价值观，占领互联网文化传播阵地的制高点，发挥文化馆引领风尚、教育人民、服务社会、推动发展的作用。

根据网络文化传播的特点及人们的参与习惯，笔者认为，互联网数字文化馆理想化模型应当具备以下五个特点。

（1）趣味娱乐性。人们在现代社会快速的工作、生活节奏工作之余，更多的是希望放松自己。趣味娱乐是能让人们放松的最佳方式。数字文化馆应当一改过去说教式的面孔，以极具亲和力的趣味娱乐的形式出现在广大网民面前，给人们一个充满文化趣味又具有娱乐性的休闲放松空间。这会大大增加数字文化馆的人气和点击率。

（2）互动参与性。数字文化馆应当改变文化馆我教你学的传统方式，让每一个参与者都能选择自己喜欢的方式，在空间里实现良性互动。互动参与是当代人的基本生活方式之一，也是数字文化馆应当考虑的重要内容之一。

（3）科技时尚性。数字文化馆应当走在时代的前列，引领时代风尚，成为文化馆与科技馆的高度融合的网络空间。既能让参与者在潜移默化中接受社会主义核心价值观先进文化正能量的熏陶，也能使参与者感受时代科技的脉搏。

（4）知识教育性。求乐求知是人的自然追求，在轻松的娱乐式互动中能有所获是人们最期望的学习方式。因此，数字文化馆也应当是一座文化艺术知识的宝库，是人们接受文化艺术知识再教育的首选地。

（5）方便易用性。数字文化馆面向的是各类参与群体，他们的知识结构、能力水平千差万别。因此，在设计数字文化馆的使用时，应当设计为"傻瓜"操作模式，让即使只懂得一点点电脑知识的人，也能很快明白并熟悉操作方式。

2. 数字文化理想模型基本架构

党的十七届六中全会提出："积极搭建公益性文化活动平台，组织开展群众乐于参与、便于参与的文化活动。"在文化馆阵地上我们要搭建好服务广大群众的平台，在互联网数字文化馆，我们也应当搭建好服务广大网民的平台。结合文化馆职能和互联网的特点，笔者认为，理想化的数字文化馆模型架构中应该重点搭建好七个平台。

（1）资料平台。联网全国文化信息资源共享工程，提供文化艺术类书籍、报刊、音频、视频资料在线借阅；地方数字文化馆收集地方文化艺术类书籍、音频、视频资料，提供在线阅读功能；全国公共文化发展中心全面统筹，实现各地数字文化馆地方资源共享，使之成为国内文化艺术资源最齐全的数字资料平台库。

（2）鉴赏平台。提供优秀文学作品在线阅读；优秀音乐、舞蹈、戏剧、曲艺作品在线点播试听、试看；优秀美术、书法、摄影作品在线欣赏。作品可采取全国、省、市、县四级数字文化馆资源，分别提供云服务方式完成。

（3）学习平台。通过全国公共文化发展中心和全国各数字文化馆云服务共享学习资源，实现在线讲座、远程教育等，提供多渠道文化艺术在线课程；通过在线学习类软件，提供在线软件供群众学习文学、音乐、舞蹈、戏剧、曲艺、美术、书法、摄影等文化艺术知识（学习类软件可由全国公共文化发展中心统一组织研发，提供各数字文化馆使用）。

（4）娱乐平台。通过文化艺术类娱乐软件，提供在线文学、音乐、舞蹈、戏剧、曲艺、美术、书法、摄影等各类艺术相关的益智类学习游戏（娱乐游戏软件可由全国公共文化发展中心统一组织研发，提供各数字文化馆使用），娱乐中学习，学习中娱乐。

（5）信息平台。全国公共文化发展中心负责提供全国性的重大文化政策、重要文化信息的发布和查询；各数字文化馆负责提供本行政区域内的重大文化政策、重要文化信息发布和查询服务。

（6）供需平台。搭建本地文化艺术原创与需求平台。提供各类文化艺术原创作品、活动策划方案、剧节目策划点子等创意空间，与文化艺术需求方、文化艺术赞助方形成良性互动，使之成为本地原创文化催生地。

（7）活动平台。各数字文化馆可以根据当地文化传统、群众文化活动的特点，搭建网上群众文化活动平台，定期开展网络文化活动或网上与网下活动联动，使各数字文化馆既有共性，又富有个性，各具特色，丰富多彩。

此外，互联网数字文化馆还需要整体形象的宣传推广，还应当有足够的带宽能够满足操作流畅的需要，界面时尚而不失传统，符合广大网民的审美需求，才能在浩瀚的网络世界中吸引网民的关注与参与，才能在"眼球经济"的网络文化中占据一席之地，才能逐步成长为网络文化的引领者。

遂宁市村级文化建设调研报告

为摸清四川省遂宁市农村文化建设中存在的问题，探索进一步加强农村文化建设的工作思路，遂宁市文广局、市文化馆组成调研组，于 2012 年 8 月深入各区、县的 10 个乡镇共 20 多个村，采取座谈走访、听取相关部门和群众意见等方式，对遂宁市村级文化建设认真调查研究，调查情况如下。

一、遂宁市村级文化建设的现状

近年来，在市委、市政府和各级党政的坚强领导下，通过相关部门、单位的共同努力，遂宁市农村文化事业有了较快发展，村级文化建设取得了明显成效。主要表现在以下三个方面。

1. 农村村级文化建设的步伐加快

（1）部分村级文化活动室初步建成。近年来，全市共 2 050 个行政村中，有 1 636 个村文化活动室建设纳入了区县、乡镇总体规划，先后共筹措文化建设专项资金 2 291.4 万元。截至目前，已建成成村文化室的村有 1 083 个，占总数的 52.3%，这些村文化活动室均明确了其基本职责、服务范围和管理办法，配备专兼职人员共 1 320 人。

（2）村级文化基础设施设备建设逐步完善。全市已建村级公共电子阅览室 560 个，有 288 个村，有文化广场。部分乡镇、社区和民间团体还自筹资金建成多个群众文化活动（健身）广场，丰富和活跃了农村群众文化生活。

（3）村级重点文化工程的作用日益凸显。目前，全市已建立全国文化信息资源共享工程基层服务点的村有 934 个，50%以上的行政村完成了农家书屋建设工程，村级文化活动室已配备书架 12 751 个、图书 2 333 911 册、电视 1 163 台、电脑 1 028 台、影碟机 719 台，并大力实施了广播、电视"村村通、

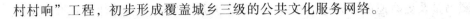

村村响"工程，初步形成覆盖城乡三级的公共文化服务网络。

2. 村级文化建设重要性的认识有所深化

在走访调查中，我们感受到乡镇、村的领导同志对新农村文化建设的理念正逐步形成。部分乡镇将农村文化事业发展纳入经济发展总体规划，每年都召开专题会议，制定具体的实施方案，做到年初有安排部署，年内有检查督促，年终有考评总结。

3. 村级群众文化活动渐趋活跃

（1）采取多种方式培训专业骨干。据统计，仅 2011 年以来，各区县文化馆、图书馆和乡镇文化站对农村文化骨干、业余文化团队进行辅导培训达 108 493 人次，开展村级文化活动业余人才自助培训 186 143 人次，培养农村"文化示范户"共 4 290 户。

（2）精心组织政府主导的文化活动。2011 年以来，各区县文化主管部门配合党委政府的中心工作，整合演出资源，组织村级文艺调演、公演、巡演、比赛、文化庙会、农民文化节等群众文化活动共 1 102 场次。区县有关部门还与 922 个村开展了农村文化建设的"结对子""一帮一"等活动，组织了文化科技卫生"三下乡"和科教文体法律卫生"四进农村"等活动。

（3）群众自发开展一些自娱自乐活动。目前，农村一些地方的村民，在传统节日或闲暇时间自发开展诸如棋牌、球类、联欢会、坝坝舞等活动，有条件的地方还利用农村红白喜事等，组织腰鼓队、小型民间乐器队、说唱队、放映队、广场舞队等，开展一些具有传统习俗、参与性较广、趣味性很强、寓教于乐的群众文化活动。

二、农村文化建设的典型经验和存在问题

1. 村级文化建设的典型经验

（1）民营企业积极参与农村文化建设。有的非公经济人士在农村找到广阔发展天地的同时，也积极投身于农村文化建设。调查显示，2011 年，全市乡镇企业、农民投资兴建村级文化设施达 1 048.2 万元，其中蓬溪县的民营企业投入就达 1 000 万元。民营经济投资建成的图书室免费供职工和村民借阅，

藏书量及更新速度均超过了村级图书馆；开展专题讲座，为种、养殖户无偿地提供致富信息；购置健身设备，举办各类体育比赛，引导农民参与全民健身活动。这样企业文化活动与村文化活动有机融合，实现了村企互动、共赢共荣。如该县宝梵镇何桥村的一回乡博士、养猪大户，牢固树立"企地经济、文化一起抓"的理念，在推动企业经济发展的同时，加大当地农村文化建设的投入力度，将本企业图书馆科普书籍借给村民阅览，举办养殖技术培训班、知识讲座和技能竞赛，既促进企业经营和发展，又提升了当地农民群众脱贫致富的能力。

（2）农村思想道德建设得到加强。思想道德建设在农村文化建设中有着举足轻重的作用，一些乡镇、村已经认识到了这个道理。比如：船山区各村根据村情民愿，制定村规民约，其内容涉及思想品德、科学技术、文化宣传、社会治安、村容村貌、计划生育、星级评选等。目前，该区唐家乡东山村已开展四届"五星级"文明户评选活动，星级文明户数量占总户数的 85%，营造了"学星、追星、赶星、创星"的浓厚氛围。

（3）特色文化活动有新亮点。蓬溪县蓬南镇在加强村级文化建设中，推出了"亿万农民健身"活动，引导广大农民积极参与全民健身，成功举办了首届农民运动会。44 个村均组建了比赛队伍，比赛历时两天，分别在两所中学内举行了篮球赛、乒乓球赛、象棋赛、担重短跑、1 500 米长跑及拔河等多项比赛，参加人数达 1 356 人。该镇还以书法协会为阵地，不定期地开展书画交流，每年春节为百姓书赠春联等，还聘请 3 名知名书法家为辅导老师，不定期地给学生上书法课，旨在培育更多的书法人才，确保"中国书法之乡——蓬溪"的美名源远流长。

（4）基层党组织在农村文化建设中的核心作用得以发挥。射洪县广兴镇新场村成立了以党支部书记为组长的村文化工作领导小组，由村"两委"成员担任农民文化活动的组织牵头者。近四年来，共投入资金 60 余万元、土地 2 亩多用于村级文化设施建设，先后建起了综合培训室、图书室、电子阅览室、健身房、体育场、棋牌室等 10 多个文化场地，村文化活动室每周开放 60 小时，每年到村文化活动室参加活动的群众达 2 万人次以上。目前，该村图书馆藏书 5 000 余册，科普、文化宣传窗每月更新，每逢重大节日都举办群众文化活动，每天晚上都由文化员组织引导群众跳广场舞和莲宵，从而初步改变了村级文化贫乏的状况，较好地适应了群众多层次、多方面的需求。

（5）有限的农村公共文化资源得到有效整合。各地针对客观实际，将村级"文化信息共享工程"、党员远程教育、农家书屋、全民健身、广播电视"村村通、村村响"等基层现有文化资源整合起来，尽可能地发挥其整体及综合效益。有的村还以村委会办公所在地为文化活动阵地，有的把庙宇利用起来作为活动阵地，大英县通仙乡甘井村甚至把废弃的学校改作文化活动阵地，因地制宜，发挥主观能动性，充分利用有限的文化资源。

2. 村级文化建设存在的主要问题

遂宁市村级文化建设虽然取得了一定成绩，但用科学发展观和全面建设小康社会的目标来衡量，仍存在一些不容忽视的问题。

（1）阵地建设总体欠佳，基础设施薄弱。调查显示，目前遂宁市 2 050 个行政村中，已建成文化室的村仅为一半。而已建文化室的村中，仅极个别的初具规模，绝大多数村文化室条件十分简陋，有的活动场地靠借用，面积普遍狭小，设备简陋，功能不全。尤其是不少村级文化活动室只是挂一张牌子，形同虚设，原有的文化设施普遍老化。据统计，农家书屋共配备图书 2 333 911 册，落实到村文化站平均仅 2 000 多册，其中很多书籍缺乏实用性，难以适应农民群众日益增长的文化生活需要。同时，目前遂宁市虽有 40%的村已配备了远程教育设备，但这些设备设施大部分时间是关闭和闲置的，还有 2/3 的村党员远程教育工程、农村中小学远程教育工程、广播电视村村通工程等尚未有效整合。在遂宁市行政村中，无文化活动场地的村约占到 80%，有的即使有活动场地，也功能单一，设备器材陈旧。

（2）农村文化队伍薄弱，管理体制不顺。一是区、县文广局作为区、县文化工作的主管部门，对乡镇宣传文化中心只是在业务上进行指导，人、财、物都归乡镇管理，对文化干部的制约力度不够，不能第一时间落实和解决问题，部分乡镇文化干部流动性大；二是尽管区和乡镇都建有文化工作机构，但仅有 1 名工作人员，他们仅用较少时间从事本职业务，而大多数精力都花在配合乡镇党委、政府中心工作和领导安排的其他工作上，专职不能专干；三是文化干部变动频繁，专业知识普遍缺乏，虽有常规培训，但对提升业务工作水平作用不大。且因人员变动较大，有的人很少参加专业培训。

（3）文化活动种类较少，农民文化生活依然贫乏。在农村，青壮年大部分常年在外打工，留守的大多数都是老年人与儿童，所以农村文化生活很难开展，尤其是集体的文化娱乐活动非常缺乏。大多数村民农作后都选择搓麻将、看电视等娱乐方式，很少有人看报纸和书籍。遂宁市各村目前的文化娱乐场所面积、藏书等方面严重不足。

（4）农村文化建设投入不足，活动经费严重短缺。近年来，虽然遂宁市的文化事业经费总量有所增加，但占财政总支出的比例并没有随着财力的增长而增长。由于国家缺少刚性政策支持，加之地方经济发展滞后，市、县财政直接投入乡镇的文化事业经费微乎其微。从此次调研情况看，近年遂宁市落实文化设施建设专项资金分别为：船山区 35 万，安居区 220 万，大英县 1.2 万，蓬溪县 2 035.2 万，射洪县无。由于经费紧缺，农村文化活动无法正常开展，有的地方甚至连文化工作人员的工资都无力支付，致使许多乡镇综合文化站、村级文化活动室无法正常开展工作。

三、加强村级文化建设的对策和建议

针对当前遂宁市农村文化建设现状和存在的问题，按照中央和省、市有关部署要求，我们对加强农村村级文化建设提出如下对策和建议。

1. 提高思想认识，切实加强对农村特别是村级文化建设的组织领导

文化建设是新农村建设的重要部分。各级党委、政府相关部门及其领导干部要进一步增强抓好农村尤其是村级文化建设的责任感、紧迫感、使命感。建议将农村村级文化建设纳入农村经济社会发展总体规划，纳入党委和政府工作的重要议事日程，纳入当地财政预算，纳入各级各相关部门和领导干部政绩考核的重要内容。各乡镇要加强对村级文化建设的组织领导，健全文化机构，形成村级文化建设有专人管、有人抓的格局，坚持将村级文化建设与经济工作一起部署、一起检查、一起考核。

2. 加大资金投入，为村级文化建设提供保障

各级党委政府要深入落实近年来中央和省、市政府有关加强农村文化建设的经济政策，认真执行"文化事业资金投入率不低于同年当地财政收入增长率"这一总体要求，进一步加大对村级公益性文化事业的投入。市、区县、乡镇每年都要抽出一定的资金用于发展村级文化设施建设。各级财政应确保

文化事业单位的办公经费，解决因增加农村文化服务项目和内容所必须的经费问题，保证专项资金及时足额到位。市里与文化工作相关的部门如教育、体育等主管局和新华书店应积极向上争取文化政策性资金、设施、器材及书刊，用于扶持村级文化建设。要采取"财政投、民间吸"等多种筹资方式，充分调动乡镇、行政村、企业、个体工商户和富裕农民的积极性，通过投资、引资、捐资、集资、融资相结合，广泛吸引社会资金投入村级文化建设，形成国家、集体和个体共办文化的新格局。

3. 加快阵地建设，充分发挥农村文化设施的作用

要加强农村文化基础设施设备建设。坚持以乡镇为依托，以村为重点，以村民小组为基础，以户为对象，构建农村村级公共文化服务网络，实现一乡镇一中心（文化中心），一行政村一室（综合文化室），一自然村一院（农家文化大院）的目标。要整合村级现有文化资源。利用村级组织活动场所和闲置校舍、旧宗祠等，采用新建、改建、共建等多种方式，建设多功能、综合性的文化活动室，因地制宜开展形式多样的群众文化活动，发挥这些场所的最大效用。要扎实推进文化信息资源共享工程建设。依托农村党员干部远程教育、中小学远程教育等网络资源，开展农村信息化服务，使广大农民就近、方便和低成本地享受和利用各类网上公共文化资源，进一步拓宽农村公共文化服务平台。

4. 培育引进人才，健全完善农村村级文化管理体制

要按编职数配齐配强乡镇文化站人员，明确村文化室兼职人员，并考虑适当工作报酬。要在乡村文化干部自我学习、自我提高的基础上，采取"走出去、请进来"的方式加强业务培训，提升素质和履职能力。要深化基层文化管理体制改革，将乡镇文化站人财物统一由区县文化主管部门直接管理，乡镇党委政府协助管理，其人员调配流动和工作安排须经文化主管部门同意，以保证队伍稳定、素质提高和工作专一。要制定农村村级文化建设的工作目标，明确区县、乡镇、村各级的工作任务，实行一级抓一级、一级对一级负责、效率与待遇挂钩、严格考核奖惩。要加强对农村民间文化团体的引导和管理，鼓励和支持他们开展文化活动，尽力帮助他们解决实际困难和问题。

5. 坚持政府主导，积极拓展农村文化生活载体

各区县、乡镇要深入搞好科技文卫"三下乡"、科教文体法律卫生"四进社区"等活动，变文化"下"乡为文化"留"乡，变"送"文化为"种"文化。要进一步发挥传统文化载体的作用，积极培育自发性的群众文化团体，鼓励支持开展民间文化活动。要加强对民间传说、民间歌舞、民风民俗等非物质文化的发掘、保护和利用，扎实开展创建文明村组、文明示范户和"农家文化大院"活动，引导广大农民崇尚科学、破除迷信、移风易俗，形成文明健康的生活方式和社会风尚。

6. 典型示范，以点带面，加快推进村级文化建设

农村村级文化建设，是整个文化工作的重点难点，又是当前必须引起高度重视的薄弱环节。为此我们建议，本着先试点、后推广的原则，在全市选择 3~5 个乡镇、10~20 个不同类型的行政村作为试点，用 6 个月至 1 年的时间，做好农村村级文化建设的示范推进工作。通过试点，总结经验，然后逐步在全市推广，从而使遂宁市农村村级文化建设工作更好更快地整体推进、取得显著实效，为建设"四个遂宁"做出新的更大的贡献。

遂宁市农村公共文化服务体系建设调研报告

为加快推进遂宁市农村公共文化服务体系建设，切实保障广大农民群众基本文化需求及基本文化权益，2010年上半年，市文化局组织专门力量就遂宁市农村公共文化服务体系建设情况开展了深入调研。现将调研情况报告于后。

一、遂宁市农村公共文化服务体系建设的成果

近年来，在市委、市政府的领导及文化主管部门的指导下，通过全市上下共同努力，遂宁市农村公共文化服务体系建设主要取得了六个方面的成果。

1. 市区县相继出台了系列加强农村文化建设的政策措施，推动了市农村文化的全面发展

市委、市政府先后出台了《奋力推进遂宁向文化强市跨越的意见》《关于加强遂宁市乡镇综合文化站建设和管理的实施意见》《关于加快文化建设切实改善文化民生的意见》等，各区县也相继出台了贯彻文件，有力地推动了遂宁市农村文化的全面快速发展。

2. 农村文化阵地设施建设取得了突破性进展，为农村文化提供了有力的设施保障

在中央政策的支持下，遂宁市利用中央、省财政投资和县级配套资金，新建89个乡镇综合文化站（安居区白马镇因暂时未落实建设用地而推迟建设），已于2009年底前全面竣工。同时全市有247个行政村先后建立了村级文化活动室。

3. 农村公共文化服务不断深入，农民群众的基本文化需求得到一定程度的满足

三大"惠民工程"有力推进，农村公共文化服务方式不断更新，服务质

量不断提高。截至 2010 年上半年，全市共投资 496 万元建成"农家书屋"285个。"信息资源共享工程"新投入资金 1 521 万元，建成文化信息资源共享工程支中心 5 个、村级服务点 840 个。市、区（县）文化部门每年组织"送文化下乡"演出达 150 余场次。同时，各乡镇宣传文化服务中心在每年重大节庆期间，不同程度地组织开展如"春耕杯""丰收杯"等主题鲜明的特色文化活动。这些活动的开展，大大拓展了农村公共文化服务的方式，不断提升服务质量，收到了寓教于乐、提升品质的明显实效。

4. 农村文化机构健全，农村文化干部队伍稳定，农民业余文艺队伍不断发展壮大

在 2005 年乡镇体制改革中，全市 105 个乡镇都设立乡镇宣传文化服务中心。每个乡镇宣传文化服务中心均配备了文化专干。每个乡镇都建立了 2 支以上的农民业余文艺队伍，并呈不断增长态势，他们在传统节日期间及农闲时节开展自娱自乐的传统文化活动，一定程度地满足了广大农民群众的精神文化需求。

5. 农村文化投入逐年增长，各级对农村文化建设的投入呈逐年上升的良好态势

近年来，全市各区县财政直接用于农村公共文化服务的投入逐年增加：船山区财政农村人均文化投入 2007 年为 1.08 元，2008 年为 1.21 元，2009 年为 1.56 元；安居区财政农村人均文化投入 2007 年为 0.21 元，2008 年为 0.35元，2009 年为 0.6 元；2008 年 1.56 元；财政投入呈逐年增加的良好态势。

6. 农村文化的发展使遂宁市新农村更加文明和谐，促进了市农村经济社会的协调发展

近年来，遂宁市农村文化建设加速发展，基层公共文化服务体系逐步形成，文化教育功能的社会效益逐渐显现，农村文化创建活动扎实推进，农民文明素质明显提高，农村乡风更加文明，农业经济持续增长，农村社会更加和谐稳定。全市共建成省级示范性乡镇宣传文化服务中心 5 个、市级文化特色乡镇 30 个。2009 年，全市农业较上年增长 3.8%；民间纠纷调解成功率达98.1%。

二、遂宁市农村基层公共文化服务体系建设存在的主要问题

1. 一些基层党政认识不足，区县文化主管部门鞭长莫及

（1）部分乡镇党政领导对文化工作的重要性缺乏应有认识，没有把文化作为提高综合国力竞争、国家软实力的重要因素和地方经济发展、社会稳定的重要基础，出现"一手硬、一手软"现象，文化工作被视为可有可无的"花瓶"。

（2）文化工作没有纳入市对区县、区县对乡镇的目标考核体系，一些乡镇没有把文化工作与经济等其他工作同部署、同检查、同考核、同奖惩，致使大多数乡镇的文化工作"可深可浅""可有可无"，甚至"无人问津"。

（3）区县文化主管部门对乡镇宣传文化服务中心的人、财、物没有直接管理权和考核权，对乡镇公共文化服务的指导是心有余而力不足。

2. 文化投入过低，设施挪用严重，国家惠民工程落实不配套

虽然近些年来遂宁市各区县对文化的投入逐年增加，但这些增长主要是对乡镇文化专干的工资性投入。与全国人均投入水平相比，该市文化投入明显过低。安居区 2009 年人均 0.60 元、船山区 2009 年人均 1.56 元、蓬溪县 2009 年人均 0.93 元；都远远低于 2008 年全国平均数 2.56 元。

（1）乡镇文化投入无保障。农村税费改革后，乡镇财政收归区县直管，乡镇因财力薄弱，对文化的投入普遍削减。目前，全市乡镇综合文化站中，无设备的为 98%，活动经费无保障的为 100%，绝大多数乡镇宣传文化服务中心除人员工资外，无任何经费来源，开展组织文化活动的经费完全靠文化专干向乡镇领导或当地企业"寻求支持"来维系。

（2）新建乡镇文化设施被挪用现象十分严重。2009 年，全市在中央财政支持下新建成 89 个乡镇综合文化站，仅有约 10%投入使用，有 70%尚在等待国家、省设备投入（省级设备投入已进入采购招标阶段），已有 20%的新建综合文化站已被乡镇挪作他用。

作为国家重点"文化惠民工程"的"农家书屋"和"文化信息共享"工程，因乡镇、村无配套设施、场地投入，也无管理人员经费预算，"农家书屋"管理员完全由村干部兼任，其开放时间全凭村干部的工作热情而定，无运行

经费和制度保障，多数"农家书屋"大部分时间均处于关门状态，服务时间和服务质量得不到应有保证，"农家书屋"上千册书籍成为一种摆设和应付上级检查的工具。

3. 文化专干不专职现象十分突出，专干业务素质亟待提高

（1）乡镇文化专干不专职的现象十分普遍。有 48.7%的乡镇文化专干都承担了乡镇如党政办、林业、计生等多项工作，兼职最多的达到 8 项之多。过多的兼职使文化专干无心学习业务、无时间思考和开展业务，对农村文化工作无思路、无措施，乡镇日常文化活动处于半瘫痪状态，乡镇综合文化站变成了空架子，"文化惠民"变成了一句空口号。

（2）文化专干整体素质亟待提高。全市 111 名乡镇文化工作人员中，有46%是在乡镇机构改革中从林业、计生等其他行业转岗而从事文化工作的，他们对乡镇文化工作不熟悉，专业知识缺乏，业务技能较低，业务素质亟待提高。

4. 农村公共文化服务总量严重不足，农村文化形势十分严峻

各乡镇除每年重大节日期间开展庆祝活动之外，日常性群众文化活动很少或几乎没有组织开展，市、区（县）文化局组织开展的农村文化活动，也只有少部分乡镇响应。因乡镇文化专干个人能力和乡镇党政重视程度的差异，各乡镇农村文艺队伍建设情况差别较大，乡镇的农村业余文艺队伍平均为 6～7 支，个别乡镇仅 2～3 支。

与快速发展的城市社区文化相比，农村公共文化服务严重滞后且总量过低。城市半小时文化圈已基本形成，而农村偏远地区有的则需 1 个小时才能到达乡镇文化站；城市居民每月都能参加市、区县组织开展的文化活动，而遂宁市绝大多数乡镇每年仅有 1 次群众文化活动；城市居民能经常享受文化专业干部的辅导，农民群众几乎没有专业辅导。

在调查中我们发现，留守在家的老人因文化程度普遍不高，其文娱活动较为单一，或庙前聚会、朝山拜佛，或纸牌麻将、赌博成风。目前在遂宁市农村，村村有寺庙，每庙有会首，这已成为农村老百姓的主要娱乐项目。文化形势十分严峻，亟须有针对性地用先进文化占领农村文化阵地。

三、加快遂宁市农村公共文化服务体系建设的对策和建议

加快农村公共文化服务体系建设，是贯彻落实科学发展、统筹城乡发展、构建"和谐遂宁"的必然要求，是实现好、维护好、发展好广大农民群众基本文化权益的有效途径和重要保证。根据遂宁市农村公共文化服务的现状和存在问题，结合遂宁市实际，我们认为，遂宁市在深入推进农村公共文化服务体系建设的实践中，应着力建立健全以下五项工作机制。

1. 建立农村公共文化服务政策责任机制

对策：遂宁市农村文化工作要得到又好又快的发展，各级党政高度重视是关键。建议：① 按照市委办、市政府办《关于加快文化建设切实改善文化民生的意见》（遂委办发〔2009〕23 号）要求，将农村公共文化服务体系的建设，纳入对区县委、县政府的目标考核体系，将建设责任、建设目标、建设成效建立细化考核目标，每年与政治、经济指标一并考评，兑现奖惩；② 严格督查公共文化法规政策的执行情况。由市督查室按照《公共文化体育设施条例》对基层，特别是乡镇新建综合文化站的使用情况进行督查督办，严禁非法挪用。

2. 改革农村公共文化管理体制

对策：改革农村公共文化管理体制的对策是改革管理体制。针对乡镇文化投入不足、文化专干不专职等问题，鉴于遂宁市目前普遍实施的"乡财县管"体制和近年来中、省对农村公共文化服务的投入逐年增加的实际情况，为从根本上解决农村公共文化投入和服务的问题，可从机制上探索改革乡镇公共文化管理体制。建议：① 统一名称。将遂宁市所有乡镇"宣传文化中心"全部更名为与国家文化部相关要求一致的"乡镇综合文化站"，以更好对应国家投入；② 探索改革管理体制。将乡镇综合文化站的人、财、物参照公安部门设立乡镇派出所的管理模式，行政上收归区县文体局直接管理，业务上接受所在乡镇党政和区县文体局的双重管理。具体做法上，可采取先试点，后推广的办法，先在目前条件较为成熟的大英县试点，试点成功后再在全市范围内推广。

3. 建立农村公共文化服务的投入保障机制

对策：逐年加大对农村文化的投入，力争在 3 年内，逐步将遂宁市农村

文化投入提高到全国人均水平，确保农民基本文化权益。建议：① 各区县财政将乡镇群众文化活动纳入常规预算，专款专用，区县文化、财政部门共同监督管理；② 出台优惠政策，鼓励企业参与、赞助公共文化活动，加强社会舆论对企业参与、赞助文化活动的正面宣传报道，形成全社会共同参与文化建设的良好局面；③ 贯彻中宣发〔2010〕14 号文件精神，落实专项经费，用于"对专业院团分流的演艺人员，可由县级文化馆聘用后安排到乡镇、社区作文艺辅导员"。

4. 建立公共文化服务人才管理机制

对策：加强基层文化专业人才岗位管理，严把乡镇文化专干入口关。建议：① 在国家文化部对文化站工作人员实行职业资格制度出台之前，由区县人事和文化部门根据乡镇文化工作的特点，共同研究制定应聘条件和考核、考试科目，把真正有文化特长，有组织才能，热爱文化工作的人才选用到基层文化岗位上去；② 市、区县文化局要加大对乡镇文化专干的培训力度，多渠道提高乡镇文化专干的思想素质和业务技能。

5. 改善农村公共文化服务传输机制

对策：针对当前农村公共文化服务的特点和遂宁市财力较弱的实际，重点借力国家"三大惠民工程"，把国家"送文化"与当地"种文化"结合起来，不断提升农村公共文化的服务质量与水平。建议：① 重点深入推进"信息共享""农家书屋""送文化下乡"等国家重点工程建设。及时向国家、省相关部门反馈工作状况，配套完善工作措施，将国家、省"惠民工程"更好地传送到农民群众手中；② 建立各区县乡镇文化示范基地。集中市、区县人力、物力和财力，在各区县每年重点打造一批乡镇文化示范基地，以点带面，逐步拓展。充分利用乡镇综合文化站宣传阵地，建立群众文艺队伍，组织开展形式多样的、群众喜闻乐见的文化活动，把群众从"朝山进香"和"赌博桌上"吸引过来，让他们从健康向上的氛围中增长知识、陶冶情操、愉悦身心、移风易俗，做新时新农村的新农民。

文化活动品牌的打造与维护

群众文化活动是公共文化服务体系的重要组成内容之一。文化活动的组织开展既要有量的堆积，让老百姓能够看到、听到，能够参与其中，更要有质的塑造，要有知晓度、美誉度，这就是品牌的打造。这里从一个文化工作者的视角，分析群众文化品牌打造与维护的重要性和实现路径。

近年来，我国密集出台了系列文化法律法规和政策文件，大力推进我国现代公共文化服务体系建设，提升文化软实力。各级党委政府把文化建设提高到空前高度，加大了对文化建设的重视和投入，极大地激发了各地文艺工作者、文化类社会组织、文化企业以及民间文化爱好者等参与文化建设的热情，较好地满足了广大群众的精神文化需求。特别是各地因地制宜搭建文化活动平台，以富有时代感的内容和形式，吸引了大量群众参与到丰富多彩的文化活动中。大量的群众文化活动，有的活动轰轰烈烈热闹一番之后就烟消云散慢慢退出人们的视野和记忆，有的活动却被沉淀下来年复一年反复开展成为当地的文化活动品牌。群众文化活动是否需要品牌，如何打造群众文化活动品牌，如何将一个群众文化活动品牌长期地持续开展下去，这是我们每一个群众文化工作者需要认真面对和思考的问题。

一、文化活动需要品牌

（一）品牌是什么

品牌是来源于市场营销中的一个概念。品牌指附着于产品或服务的具有经济价值的无形资产，是消费者根据对产品及产品系列的认知程度，在消费过程中占据一定位置的综合反映。品牌具有抽象性、独特性、长期性和系统性等特点。

抽象性。品牌是附着于产品的无形资产，是建立在产品的功能、质量和价值之外的无形的部分，包括产品的知名度、美誉度和普及度等外在三要素。

独特性。作为品牌的产品必须具有自身独特价值，能够让消费者将其与市场中的其他同类产品区别开来，且愿意消费并向其他人推荐消费。

长期性。一个产品要在市场中具有一定的知名度，继而有一定的美誉度，再者有一个普及度，需要不断地进行消费者认知正强化，才能逐步成为品牌，而要完成这一过程，需要长时间的积累。

系统性。品牌的创建是一个系统工程，需要综合分析产品的功能、质量和价值等市场定位，并与产品的名称、标记、符号、图案等因素进行综合分析，不断强化，形成品牌综合效应，使产品不断从低附加值向高附加值升级。

（二）文化活动也需要品牌

文化活动需要品牌，这既是党和政府的内在要求，是文化工作的责任使命，也是广大群众的热切期盼。

1. 文化活动品牌化是党和政府对它的内在要求

在 2015 年中央办公厅、国务院办公厅下发的《关于加快构建现代公共文化服务体系的意见》中明确提出，"实施基层特色文化品牌建设项目，以富有时代感的内容形式，吸引更多群众参与文化活动"，对"物色文化品牌建设"做出了明确要求。各地党委政府对文化活动品牌化也是积极推动。2010 年，遂宁市委市政府领导在研究群众文化活动时，就要求对年度的群众文化活动进行梳理、提升，要将群众文化活动品牌化，并将遂宁市开展多年的"遂宁市新农村新农民文艺展演""遂宁市群众广场舞大赛""遂宁市社区文艺展演"等活动进行整合，形成了"遂宁市幸福家园群众文化节"。通过系列群众文化活动的集中开展，扩大该项群众文化活动在遂宁市群众中的影响力，使之逐步发展成为遂宁市群众文化活动的品牌。

2. 文化活动品牌化是文化工作的责任使命

组织开展丰富多彩的群众性文化活动是文化部门的职能任务。履行这一职能任务在具体做法上大致有三种，一是鼓励群众自办文化，开展自娱自乐

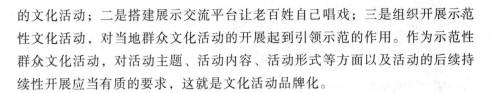
的文化活动；二是搭建展示交流平台让老百姓自己唱戏；三是组织开展示范性文化活动，对当地群众文化活动的开展起到引领示范的作用。作为示范性群众文化活动，对活动主题、活动内容、活动形式等方面以及活动的后续持续性开展应当有质的要求，这就是文化活动品牌化。

3. 文化活动品牌化是广大群众的期盼

对政府文化部门主办的群众文化活动，老百姓都有一种高品质的期待，都希望政府文化部门的文化活动能够区别于一般性的商业文化活动，并且能够长期不断。这种品质、独特性和长期性的要求本身就是一种品牌化的要求。因此，只有将文化活动品牌化才能顺应老百姓的期待。

二、文化活动品牌的打造

群众文化活动虽然是政府文化部门为公众提供的公共文化服务，不是市场产品服务，但仍然是产品服务。因此，群众文化品牌的打造，同样要遵循品牌打造的基本规律和基本原则。

（一）质量第一的原则

作为普通产品，质量包括品牌产品本身质量和服务的质量，是满足人们需要的核心，是品牌的核心，也是群众文化活动品牌打造的核心。群众文化活动的质量包括演出质量和服务质量两个方面。

1. 演出质量

文艺演出是群众文化活动作为公共文化供给呈现给公众的产品内容，也是公众文化消费的内容。演出质量的好坏，直接决定着公众对本次文化活动的满意程度。为此，对演出质量相关的各个环节一定要严格把关：节目质量的优劣、演员情绪的把控、舞台演出的组织、灯光音响的配合、舞美环境的营造等等，都要按照专业标准严格要求和控制，以高水平的演出质量，赢得公众的赞许和好评。

2. 服务质量

演出服务是演出活动不可分割的一部分，也是公众判断文化活动是否成功必备条件之一。演出服务包括为演出的直接服务和观众组织服务两个方面。直接服务是为确保演出顺利进行；而组织服务尤其不能忽视。观众的组织引导、节目单的预备、观众席位的安排、安全措施的保障等，都需要做出精心的安排和组织，使观众在文化活动的参与过程中有享受文化的舒心感。

近些年来，我们在组织开展群众文化活动过程中，学习借鉴企业质量管理的经验，特别注意演出质量和服务质量，并长期坚持，在遂宁市公众中逐步形成了凡是政府部门主办的公共文化活动都是高质量的品牌效果。

（二）系统性的原则

群众文化活动品牌的打造，要根据群众文化活动的功能特点以及定位，进行品牌策划包装。

对品牌活动的内容、表现形式和名称、主题、标识、颜色等进行系统设计，使之成为一个相互关联不可分割的整体，给人留下深刻的良好印象。在实施中要科学规划，逐步完善。如遂宁市的"幸福家园群众文化节"这一文化品牌活动就经历了一个逐步完善走向成熟的过程。2009 年起，遂宁市分别组织开展了"全市社区文化展演""全市新农村新农民文艺展演""全市广场舞大赛"，每年一届；2012 年，将以上三个活动合并，并冠以"幸福家园"的主题，命名为"全市幸福家园群众文化系列展演活动"，设计了统一的活动标识和背景，活动品牌效应逐步凸显。2014 年，将这一品牌文化活动提档升级，更名为"全市幸福家园群众文化节"，进一步丰富了品牌内容，深化品牌内涵，使这一文化活动品牌更加彰显。

（三）科学推广的原则

群众文化活动品牌的打造一定要克服"好酒不怕巷子深"和文化活动自身就是宣传活动不需要再做宣传的陈旧观念。群众文化活动在具备了优秀的质量与服务的公信力之后，还应加强对自身的宣传。要充分利用传统媒体和新媒体在各自领域的宣传优势，在信息大量充斥人们耳目的今天，把群众文化活动品牌从多个不同视觉进行宣传推广，使之在当地群众中家喻户晓。并通过不断强化宣传的方式，提高群众文化活动品牌的知名度、关注度、认知度、美誉度，从而树立群众文化品牌形象。

三、文化活动品牌的维护

要打造一个文化活动品牌不易，要维护好一个文化活动品牌更难。群众文化活动品牌要持久地延续下去，需要遵照品牌运行的规律进行科学维护，这样才有可能把群众文化活动品牌做成有持续号召力的"百年老品牌"。

（一）维护文化品牌的意义

群众文化活动品牌作为公共文化产品供给过程中逐渐形成的无形资产，其良好的公共形象和品牌价值来之不易。因此，做好品牌维护，对深化群众文化活动、满足广大群众日益增长的文化生活的需要具有重要的意义。

1. 群众文化活动品牌维护有利于巩固既有文化成果

群众文化活动品牌一经在群众心目中形成，如果不妥善维护，其品牌知名度、品牌美誉度的下降以及群众关注度、参与度的降低等品牌失落现象都会消融过去的文化成果。因此，不断对品牌进行维护，是巩固既有文化成果的重要手段。

2. 品牌维护有助于保持和增强品牌生命力

群众文化活动品牌的生命力取决于群众文化的需求。如果文化活动品牌能够满足群众不断变化的需求，那么，这个品牌就会继续具有旺盛的生命力，反之就可能出现品牌老化。因此，不断对文化活动品牌进行维护就是不断满足群众文化生活的需求。

3. 文化活动品牌维护有利于扩大活动的粉丝群体

每一个文化活动都有自己的铁杆粉丝群体，持续开展的品牌文化活动有利于不断巩固和扩大这一群体，使文化活动的关注度、参与度越来越大，从而使文化活动能够更好地达到娱乐、审美、教育等目的。

（二）品牌维护应当遵循的基本原则

1. 持之以恒的原则

群众文化活动品牌的打造不是一蹴而就的，需要长期不懈地努力。一般认为，连续举办三届以上的群众文化活动可以视为品牌文化活动。为此，要打造群众文化活动品牌必须树立全局意识，长远谋划，统筹安排，坚持不懈持之以恒地向前推进。不持续开展的群众文化活动是形成不了文化活动品牌的。遂宁市过去举办过一些当时很有影响的大型活动，如"纺织食品文化节"，但举办过两届以后再无后续，"建市 15 周年文艺晚会""建市 20 周年文艺晚会"，这些活动没有长远的策划和持续开展，都算不上群众文化活动品牌。

2. 坚守核心的原则

每一个群众文化活动品牌都有自己的品牌价值核心，这是在文化活动品牌的长期塑造中必须始终坚守的，脱离了这一核心，该品牌就不再是该品牌，即使仍然使用原有的品牌名称、品牌标识等符号，也得不到广大群众的认可。遂宁市的"幸福家园群众文化节"，虽然在品牌维护的过程中，品牌文化活动的名称有些许的调整改变，但是，始终坚持了该品牌文化活动"人人参与文化活动"的核心，使该品牌一直受到群众的喜爱和欢迎。

3. 与时俱进的原则

任何事物都不是一成不变的，都会随着时间、地点、条件的改变而改变。群众文化活动品牌也是一样，在品牌的维护中，做到与时俱进、因地制宜、因人而异，才能使文化活动品牌永葆青春。如遂宁市的"涪江之秋文艺调演"，这是 20 世纪 90 年代中期举办的舞台艺术比赛活动，当时市场体制还不完善，整个社会经济还以计划为主，于是调演以行业系统和县区为单位组织参与，每年一届。各行业部门纷纷组织行业内员工排演节目参赛，各县区也不甘示弱，活动开展十分活跃。随着市场经济的不断深入，行业部门对人员的统筹能力逐步削弱，行业部门参赛逐步减少，参赛队伍基本是以县区组团参赛为主，参赛队伍明显减少。针对这一情况，我们在2010年以后通过调整届期适应参赛队伍减少情况；同时结合人们对文化鉴赏的口味也越来越高，区域文化合作加强的实际，于2014年起，将"涪江之秋文艺调演"改变为"涪江流域文化艺术节"。传统的涪江之秋文艺调演保留为活动内容之一，另增了涪江流域城市的优秀节目展演等，以更好地适应参赛演员和观众需要，使品牌文化活动常办常新，魅力常在。

文化馆在非营利组织发展中的作为探析

党的十八届三中全会提出"鼓励社会力量、社会资本参与公共文化服务体系建设，培育文化非营利组织"以来，我国各地文化部门都在培训和发展文化非营利组织方面做了大量的工作。但是，由于各地对非营利组织的理解不尽相同，各地做法也各不相同。笔者结合相关法规、政策和文化馆工作实际，对文化馆在文化非营利组织发展中的应有作为进行分析和思考。

一、非营利组织的定义、现状及发展趋势

（一）非营利组织的定义

所谓非营利组织，就是指在政府部门和以营利为目的的企业之外的，以非营利为目的、从事公益事业的一切志愿团体、组织或民间协会。在以追逐利益为前提目标的市场经济环境中，非营利组织的出现，在政府调控社会经济发展过程中，较好地起到了沟通政府与社会、平衡社会利益、协调社会各方行为的"缓冲地带"的作用，是政府宏观调控与市场调节之间"空白区域"的补充者，通常被称为政府与企业之间的"第三部门"。非营利组织具有非营利性、民间性、自治性、志愿性、非政治性、非宗教性等特征。

文化非营利组织则是非营利组织中以文化艺术为服务对象和内容的机构，我国现存的文化类行业协会、文化类基金会、民办非企业文化单位、社会文艺表演团体、文化志愿者组织等都属于文化非营利组织的范畴。

（二）非营利组织的现状

随着我国市场经济体系的不断深化和发展，我国非营利组织发展迅速，

据相关部门统计，截至 2011 年 6 月，我国有正式登记的非营利组织 45 万个，备案的社区组织 25 万个，实际存在的约 300 万个左右，并以年均 8%～10% 的速度增长。这些组织几乎覆盖了社会生活的各个方面：科技、教育、文化、卫生、劳动、民政、体育、环保、法律、慈善等公益领域及中介、工商服务，已经初步形成体系。

党的十八届三中全会决议明确提出了"推进文化体制机制创新。引入竞争机制，推动公共文化服务社会化发展。鼓励社会力量、社会资本参与公共文化服务体系建设，培育文化非营利组织"。文化非营利组织在社会发展的需要和政府的双重推动之下快速发展。据笔者了解，四川省遂宁市全市范围内有各类文化非营利组织约 600 余个，其中在民政登记的 70 余个，近三年的年均增长在 10% 以上，发展势头十分强劲，但普遍呈现出数量多、小型、分散、不规范等起步阶段的特点。个别文化非营利组织在文化大发展大繁荣的大背景下，在政府文化主管部门的扶持培育下和其自身的努力下迅速发展壮大，成为行业翘楚，如 2014 年登上央视春晚舞台的遂宁市杂技团；也有在现代公共文化服务体系建设中借势成长起来的民间艺术团体，如遂宁市红烛艺术团、遂宁市阳光艺术团等，团员均达到 60 人，不仅承接遂宁市、县区的文化进基层的政府购买公共文化演出活动，还承接了周边如重庆市一些区县的政府购买公共文化的演出活动。这些文化非营利组织在我国加快构建现代公共文化服务体系的进程中，正在迅速成长，发展壮大，并主动融入现代公共文化服务体系之中，成为其中不可分割的一部分。

（三）文化非营利组织的发展趋势

党的十八届三中全会既为现代公共文化服务体系的建设提出了具体要求，同时也为我国文化非营利组织的发展指明了方向。

1. 非营利组织将成为我国现代公共文化服务体系中不可或缺的供给主体之一

我国地域广阔，人口众多，地区间、城乡间发展不平衡，随着 2020 年我国全面建成小康社会的临近，广大群众在物质生活条件不断提高的同时，对文化生活的需求急剧增长，并呈现多样化的特点。过去传统的由政府文化事业单位提供文化供给服务的单一渠道，已经远远不能满足人们快速增长的文化需求；而市场领域中的文化产品，因其价格和赢利的本质决定了其难以满足普通群众的基本文化需求。文化非营利组织的出现很好地弥补了公共文化服务的供给空白，也为文化非营利组织提供了巨大的发展空间，现代公共文化服务体系建设中，政府、市场、社会三个供给主体缺一不可。文化非营利组织正在成为我国现代公共文化服务体系中不可或缺的供给主体之一。

2. 非营利组织正在成长为社会参与我国现代公共文化服务体系建设的重要生力军

在近些年各地的公共文化发展中，非营利组织的作用正在凸显。以四川省遂宁市为例，2014 年以来，送文化进基层的演出活动全市每年约 300 场次，其中由社会文艺表演团体承担的就达到了 200 多场；在市、县政府主办的文化活动中，各文艺家协会、社会文艺团体等文化非营利组织或独立承办、或合作承办、或部分参与的活动达到 60%以上。文化非营利组织成为当地公共文化服务的重要生力军。

二、文化馆在非营利组织发展中的状态及原因分析

作为现代公共文化服务体系中龙头单位的文化馆，在非营利组织与公共文化的融合进程中的表现各不相同，归纳起来，大致有三种情形。

（一）状态之一：置身事外

这些文化馆对文化非营利组织没有认识，仍旧采取传统的由文化馆业务人员向群众提供公共文化供给的单一模式，以文化馆有限的人力物力和财力，尽可能多地向公众提供公共文化服务。这种情形在部分地区特别是县级文化馆仍有存在。

出现这种情形的根本原因有二：一是文化馆自身对现代公共文化服务体系建设缺乏应有的认识，思想上画地为牢，缺乏组织动员社会力量参与办文化的思想意识，当然就更加谈不上把文化非营利组织纳入自己的工作范畴加

以有效利用。其结果必然是工作效率低下，文化馆工作人员很累很辛苦，但工作成效并不突出，公共文化服务面不能打开；二是文化馆机构独立管理上不独立，文化馆的人财物由文化主管部门统一管理，文化主管部门还没有完成从"办文化"到"管文化"的转变，文化馆仅仅相当于主管部门的一个科室，不能独立地开展工作，当然也就谈不上组织社会力量的参与。

（二）状态之二：参与竞争

参与竞争就是把文化馆与文化非营利组织放在同一层面上进行市场竞争，共同参与政府购买公共文化服务的招投标。四川省某市文化馆就被当地政府和文化主管部门要求，与当地的文化非营利组织一起参与当地政府向社会力量购买公共文化服务的项目竞争。

出现这种情形的主要原因是：当地政府和文化主管部门对政府购买公共文化服务的政策不够熟悉。在 2014 年底财政部出台了《政府购买服务管理办法（暂行）》，在第二章第六条中明文规定："承接政府购买服务的主体（以下简称承接主体），包括在登记管理部门登记或经国务院批准免予登记的社会组织、按事业单位分类改革应划入公益二类或转为企业的事业单位，依法在工商管理或行业主管部门登记成立的企业、机构等社会力量。"中央、国务院早在 2005 年《关于深化文化体制改革的若干意见》（中发〔2005〕14 号文件）中就已经明确文化馆作为公益一类事业单位，当然不在承接主体之列。

把文化馆放在与非营利组织同等条件下参与政府购买服务，会造成不良的后果影响：一是文化馆所具有的政府事业单位的资源优势是其他任何文化非营利性组织所不能比拟的，文化馆的参与必将造成以压倒性优势中标，非营利性组织中标可能性非常之小，中标率低甚至根本中不到标，对非营利性组织的成长非常不利；二是文化馆陷入参与和不参与的两难境地，承接过多的政府购买服务，以自身有限的人力资源难以完成，势必造成资源过度集中而效率降低；不参与承接政府购买服务，自身在公共文化服务中的优势地位和影响力将会随之下降，文化馆的社会美誉度将会受到较大影响，不利于文化馆事业的长远发展。

（三）状态之三：组织引导

组织引导非营利组织发展是目前全国各地文化馆的主流做法。文化馆利用自身在群众文化组织工作中的传统优势和便利条件，组织、指导各文艺家协会、民间文艺团队和文化志愿者组织等非营利组织的活动，并动员文化能人建立非营利组织，引导他们参与到政府购买公共文化服务中。如笔者所在的遂宁市文化馆，根据社会的需要，组织、指导成立了遂宁市群星艺术团、遂宁市文化志愿者协会、遂宁市青年舞蹈艺术团等文化非营利组织，并为他们的成长积极创造有利条件，使这些处于萌芽起步阶段的文化非营利组织能健康、快速地成长、发展起来。

这种做法一定程度地履行了文化馆在非营利社会组织发展中的责任，但笔者认为，相对于构建现代公共文化服务体系对文化馆的新要求还有很大差距，还需要文化馆主动作为，担当起培育发展文化非营利组织的应有历史使命。

三、文化馆在非营利组织发展中的应有作为思考

文化馆作为各级政府设立的文化事业机构，在非营利组织的建设和发展中应当担当起政府与非营利组织之间"第三方"的职能，成为政府文化主管部门与文化非营利组织之间的"桥梁纽带"，在政府、市场与社会之间，重新明确自身的职能定位。

（一）文化非营利组织的培育发展者

在文化馆日常组织、辅导工作中，文化馆对文化非营利组织可以起到两个方面的作用：一是培育文化非营利组织。文化馆在对民间班社等进行辅导过程中，可以有意识地对有发展潜力的民间班社进行培养、辅导，指导他们成长为文化非营利组织，不断充实壮大文化非营利组织队伍；二是发展文化非营利组织。文化馆在组织各类文化活动中，不管是组织培训、辅导、交流还是创作、演出，培养锻炼一些非营利组织，指导、培育他们独立或联合承

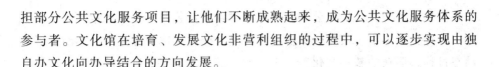

担部分公共文化服务项目，让他们不断成熟起来，成为公共文化服务体系的参与者。文化馆在培育、发展文化非营利组织的过程中，可以逐步实现由独自办文化向办导结合的方向发展。

（二）政府购买公共文化服务的实施者

文化馆作为政府举办的事业单位，可以代表政府文化主管部门履行两个方面的职能。一是策划包装项目，即是对已经成熟的公共文化服务项目进行策划包装，纳入政府公共文化服务购买目录；二是代行购买主体的职责，通过政府文化主管部门授权，作为政府购买公共文化服务的代理方。

（三）政府购买公共文化后的监管者

文化馆可以在政府购买公共文化服务之后，代行监管职能。根据实际需求和合同规定，做好承接主体（文化非营利组织）与购买主体（政府文化主管部门）以及服务对象的沟通、协调；督促承接主体的文化非营利组织严格履行合同，及时了解掌握购买项目实施进度，反馈给购买主体按照规定和合同执行进度支付款项；在承接主体完成合同约定的服务事项后，代表购买主体及时组织对履约情况进行检查验收。

（四）社会参与公共文化服务标准的制定者

文化馆是群众文化工作的专业机构，有着组织、承办公共文化服务的经验优势和人才优势，在政府购买公共文化服务中，应当主动参与到服务标准的制定中，制定出不同类别、不同区域、不同品质要求的公共文化服务标准，便于政府购买的公共文化服务能够准确落实到位，避免服务过于弹性化，影响政府购买的执行效率。

（五）基本公共文化服务的保障者

实行政府购买公共文化服务，其目的是为了动员更多的社会力量参与到公共文化服务中去，扩大公共文化服务供给，使公共文化服务量更大、面更宽、品种更加丰富、质量效率更高。但是，公共文化服务是一个不断发展的动态过程，群众的基本文化需求也必然将随着物质文化生活的提高、现代科学技术的发展而不断发展变化，因此，始终会有一些新的公共文化服务领域和服务内容需要由市场和社会之外的机构去实施和探索，文化馆则是基本公共文化服务"空白地带"的永远的守护者、保障者。

文化馆在人口老龄化趋势中的作为探讨

21 世纪的中国将是一个不可逆转的老龄社会。对此，文化馆应当如何结合职能主动作为，面向不断壮大的老龄群体的文化和心理需求，开展有针对性的公共文化服务，占领老龄群体文化服务的制高点，引导老龄群体在满足自身需求的同时服务社会，笔者结合自身工作，进行了相应分析和思考。

一、我国人口老龄化现状及趋势

据全国老龄委报告：21 世纪是人口老龄化的时代。目前，世界上所有发达国家都已经进入老龄社会，许多发展中国家正在或即将进入老龄社会。按照联合国标准，通常把 60 岁以上的人口占总人口比例达到 10%，或 65 岁以上人口占总人口比例达到 7%，作为一个国家或地区进入老龄化社会的标准。据此，1999 年，我国也进入了老龄社会，是较早进入老龄社会的发展中国家之一。中国是世界上老龄人口最多的国家，老龄人口占全球老龄人口总量的五分之一。

21 世纪的中国将是一个不可逆转的老龄社会。从 2001 年到 2020 年是快速老龄化阶段。这一阶段，中国将平均每年增加 596 万老龄人口，年均增长速度达到 3.28%，大大超过总人口年均 0.66% 的增长速度，人口老龄化进程明显加快。到 2020 年，老龄人口将达到 2.48 亿，老龄化水平将达到 17.17%，其中，80 岁及以上老龄人口将达到 3 067 万人，占老龄人口的 12.37%。

从 2021 年到 2050 年是加速老龄化阶段。伴随着 20 世纪 60 年代到 70 年代中期的新中国成立后第二次生育高峰人群逐步进入老龄，中国老龄人口数量开始加速增长，平均每年增加 620 万人。同时，由于总人口逐渐实现零增长并开始负增长，人口老龄化将进一步加速。到 2023 年，老龄人口数量将增加到 2.7 亿，与 0~14 岁少儿人口数量相等。到 2050 年，老龄人口总量将超过4亿,老龄化水平推进到30%以上,其中,80岁及以上老龄人口将达到9 448万, 占老龄人口的21.78%。

从2051年到2100年是稳定的重度老龄化阶段。2051年,中国老龄人口规模将达到峰值的4.37亿,约为少儿人口数量的2倍。这一阶段,老龄人口规模将稳定在3亿~4亿,老龄化水平基本稳定在31%左右,80岁及以上高龄老人占老龄总人口的比重将保持在25%~30%,进入一个高度老龄化的平台期。

笔者所在的四川省遂宁市也与全国一样,人口老龄化趋势十分明显:2010年遂宁老龄人口为55.98万人,老龄化水平为17.2%,高于全国平均水平。

伴随着人口老龄化趋势的加速,一些与人口老龄化相关的社会现象随之呈现在人们面前:城市老龄人自发组建的文艺、健身等团队大量涌现;广场舞似乎一夜之间遍及全国各个城市的大小社区和广场;城市公园、小区休闲区域到处都是自娱自乐的老龄群体;老龄大学的学生一下子变得多了起来;参加文化馆群体活动的老龄队伍不断增加、日趋活跃……

这些现象的出现,都是在老龄社会到来之际,由于从政府的政策引导、老龄群体休闲娱乐的硬件设施建设,以及针对老龄群体的社会服务体系和老龄人的社会心理满足等方面,都还缺乏足够的认识和准备造成的。作为政府公共文化服务体系重要组成部分的文化馆,如何针对我国人口老龄化趋势这一社会现象,在即将到来的老龄社会中有所作为,是每一个文化馆工作者应当认真思考的紧迫的课题。

二、文化需求是老龄人口的主要需求之一

根据全国取样数据调查显示,运用一般线性模型中重复测量组内比较法,对老龄人心理需求的生理需求、交往需求、自我实现需求、认同需求的四个维度均值进行比较。其表现为:生理需求最高,交往需求、自我实现需求其次,认同需求最低。各维度的均值与标准差分别为:生理需求4.13 ± 0.79,交往需求3.80 ± 0.74,认同需求2.80 ± 0.88,自我实现需求3.67 ± 0.80。

由此可见,满足基本的生活需求、交往需求是老龄群体的两大主要需求。第一项需求,主要是老龄人根据身体状况的差异,有生活上被照顾或有进行身体锻炼的要求;第二项需求,主要是老龄人根据自身兴趣爱好的差异,与

志趣相投的群体相互交流，其现象表现为文化交流，其实质是满足老龄人人际交往的需求。

在《人民日报》2010 年刊发的一篇《有权不用，过期作废新解》的文章中，作者永春谈到了这样一个社会现象：近年来，越来越多的领导干部，无论原来是什么岗位、任什么职务、做什么工作，退休以后大都投身于各种各样的文化活动，有的喜欢吹拉弹唱，有的热衷篆刻书法，有的潜心摄影绘画，丰富多彩、不一而足。而且很多同志干一行、钻一行，还从业余爱好成了行家里手，形成了自己的风格和特色，取得了不俗的成绩。这种退下来的领导干部纷纷进入文化队伍行列的现象，似可称为"老来归队"。

这种"老来归队"文化的现象，正是老龄群体生理需求中寻求身体锻炼、交往需求中寻求文化交流的具体体现。

现在城市的老龄群体，大致可分为三大类：一是离退休老龄群体，即是各机关、企事业单位工作人员退休后形成的老龄群体；二是随子女进城居住群体，即子女在城市工作，随子女进入城市，并长期居住下来的老龄群体；三是其他类老龄群体，主要包括企业改制后提前退休人员、个体民营企业经营者随着年龄增长不再从事经营活动的人员、客居他乡老龄返乡的人员等老龄群体。

以上三大类老龄群体，他们有着一些共同的特点。

1. 生活有基本保障

不论哪一类老龄群体，随着我国城乡社会保障体系的推进，他们在经济方面都有固定的基本生活保障，可以满足其基本生活需要，也可以说是衣食基本无忧。

2. 身体健康是基本追求

他们更加注重身体的锻炼，一来可以延年益寿，保持活力；二来可以自立生活，减轻子女照顾老人的负担。

3. 社会交往中获得乐趣

很多人在青少年时期都有着一个文化梦，成年后往往因为工作和生活的因素而放弃。一身轻松的老龄生活，让老龄的人们在毫无压力的生活中重拾过去的文化梦想。兴趣爱好使他们乐此不疲，在与有着共同兴趣爱好的老龄人的交流中，既可以满足他们与人交往的需要，又能获得一定程度重温梦想、自我价值得以实现的满足。

老龄群体的以上三个特点，直接或间接地成为中国广场舞大妈等现象的主要动因。作为文化馆，我们不能在广场舞大妈现象上去做无谓的争论，而应当看清现象背后的本质，思考如何因势利导，如何针对我国人口老龄化的现实需要，发挥文化馆的功能和作用，更好地满足老龄群体的精神文化需求，使之成为我国社会主义核心价值体系建设、公共文化服务体系建设中的一股不可忽视的有生力量。

三、文化馆在文化养老中应当大有作为

针对我国在 21 世纪人口老龄化趋势突出的新情况新问题，文化馆应当主动作为，充分发挥文化馆在组织群众文化活动中的龙头引领作用，以满足老龄群体的文化需求为出发点和立足点，搭建各类服务和活动平台，开展有针对性的公共文化服务，抢先占领规模不断壮大的老龄群体文化服务的至高点，使老龄群体成为我国优秀传统文化的传承者和社会主义核心价值体系建设的参与者。

工作思路上，党的十七届六中全会和党的十八大已有明确指引，"积极搭建公益性文化活动平台，依托重大节庆和民族民间文化资源，组织开展群众乐于参与、便于参与的文化活动。支持群众依法兴办文化团体，精心培育植根群众、服务群众的文化载体和文化样式……让蕴藏于人民中的文化创造活力得到充分发挥"，"开展群众性文化活动，引导群众在文化建设中自我表现、自我教育、自我服务"。

根据上述精神，笔者认为文化馆在我国人口老龄化趋势中，应当主动开展文化养老服务，重点应当做好五个服务平台的搭建工作。

1. 搭建好文化辅导平台

虽然老龄群体进入休闲生活之后有回归文化的情结，但是，过去的文化爱好，毕竟早已生疏。纵然是重拾兴趣爱好，也希望有专业人员的辅导和培训，才能乐在其中。因此，文化馆应当搭建多种方式、多种渠道的文化辅导

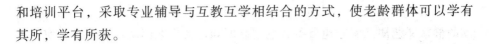

和培训平台，采取专业辅导与互教互学相结合的方式，使老龄群体可以学有其所，学有所获。

2. 搭建好团队建设平台

交往交流的需要是老龄群体的重要需求之一，文化馆应当利用自身组建业余文艺团队的优势，搭建好团队建设的平台。支持老龄群体兴办各类文化团体，指导他们开展健康向上的文化活动，使参与这些文化团体的老龄群体，既能自娱自乐，又可以参与社会公益活动，丰富群众文化生活。搭建文艺团队建设平台，可以有文化馆馆办团队、指导团队和辅导团队等多个层次，使老龄群体的各类不同层次的文化艺术爱好者，较好地在团队活动中实现自我表现、自我教育、自我服务。

3. 搭建好文化活动平台

经过多年的努力，各地文化馆都建立了有自身特点的面向老龄群体的群众文化活动品牌，笔者所在地也有"幸福家园"社区文艺展演、"幸福家园"广场舞大赛、"快乐老人"才艺大赛等针对老龄群体的品牌文化活动，每年都吸引了众多的老龄群体参与。笔者认为，在搭建此类公益性文化活动平台时，可考虑依托传统重大节庆活动和当地民族民间文化资源，使活动品牌能够与地方传统文化有机结合，扎根群众，使广大群众更加乐于参与，便于参与和主动参与。

4. 搭建好志愿服务平台

老龄群体中的文化志愿者，特别是低年龄段的文化志愿者，他们时间充裕，不计报酬，热心公益，是文化志愿服务的生力军，这也是老龄群体自我价值实现的重要途径之一。文化馆要主动搭建好文化志愿服务平台，根据老龄群体的文化特长和他们的热情要求，搭建各类文化志愿服务平台，让众多的老龄文化志愿者参与到更加广泛的文化志愿服务中，用他们的文化艺术特长和人生经历，成为社会主义核心价值观的积极传播者和中国优秀传统文化的传承者。

5. 搭建好自我管理平台

在当今的老龄文化现象中，备受社会广泛关注和争议的"广场舞大妈现象"是中国社会特有的一种群体文化现象。这既是我国人口老龄化趋势中的符合中国社会学特点的必然文化现象，也是老龄文化活动亟待规范引导的信号。笔者所在地文化管理部门，主动协调城市管理部门，对参与广场文化活动的群众文艺团队实施免费备案登记制度和优秀文艺团队评选制度，实施以来，既有效解决了广场文化队伍占用道路、无序争抢场地、噪音扰民等问题，又使广场文艺团队在自我管理中不断进步、不断提高，成为城市文明的倡导者和引领者。

遂宁市老龄人"老有所乐"的调研

一、遂宁市老龄人文化生活现状

近年来，遂宁市老龄人文化生活公共环境不断改善，老龄人享受的基本公共文化服务不断完善，文化生活的质量不断提高，老龄人幸福感不断增强。

（一）公共文化设施不断改善

随着社会经济的快速发展，遂宁市公共文化设施不断改善，老龄人参与文化活动的场所不断增加，室内文化设施条件越来越好。

1. 室内公共文化活动设施不断改善

市、区县、街道、乡镇建立了公共文化阵地服务网络，市级有文化馆、图书馆、博物馆、美术馆，市文化馆为一级文化馆、市图书馆为二级图书馆、四川宋瓷博物馆为二级博物馆；区县有文化馆、图书馆，射洪县、大英县建有博物馆，其中，射洪县、蓬溪县、大英县文化馆均为二级文化馆，船山区、安居区文化馆为三级文化馆；各城市街道办事处建有宣传文化服务中心，部分城市社区还建有文化活动室；全市 105 个乡镇全部建有乡镇综合文化站，建筑面积均在 300 m² 以上，部分行政村设立了村文化活动室。这些文化阵地，是老龄人参与文化活动、接受文化辅导、进行学习鉴赏的主阵地。

2. 公共文化广场不断增加

开展室外文化活动的文化广场不断增加，为老龄人开展室外文化活动提供了方便。目前，遂宁市城区有 8 个较大型的文化广场；各区县也建有两个以上的文化广场；各乡镇文化站基本上有一个室外小广场，可供老龄人开展活动。每天每个文化广场均有较多的老龄人在那里自娱自乐，开展丰富多彩的文化活动。

3. 公共文化休闲场所大幅改善

遂宁市除船山公园、卧龙山公园、广德灵泉风景区可供老龄人作为文化休闲场所之外，还建设了滨江路休闲公园、滨河路休闲公园、河东湿地公园作为老龄人休闲之所。特别是滨江路文化休闲公园，有犀牛广场、黄桷树、九龙园等地成为老龄人每天集中开展文化活动的主要场所。

（二）公共文化服务空间不断拓展

1. 免费开放全面实施

从 2012 年起，遂宁市博物馆、公共图书馆、文化馆（站）、美术馆全面实施免费开放，面向公众开展免费文化服务。每年免费参观市、县博物馆、美术馆的观众达 30 万人以上，老年人是主要受益者；免费借阅图书、听取讲座、接受辅导培训、参加文化活动、观赏文艺演出的群众达 80 万人以上，其中老龄人占 60%以上。

2. 免费服务不断拓展

遂宁市各级文化馆（站）每年开展大量的文化免费培训、指导和辅导活动，每年培训老龄人约 5 000 人次；为丰富活跃农村老龄人的精神文化生活，遂宁市每年开展送文化下乡活动，2011 年全市送文化下乡共演出 260 余场，一定程度上丰富了农村老龄人的文化生活。

3. 活动平台经常搭建

为了使老龄人的文化更加丰富，遂宁市已经连续多年举办社区文艺汇演、新农村新农民文艺汇演、全市广场舞比赛等文化活动，为城市社区、广大农村的老龄人参与文化活动搭建平台，广大老龄人参与踊跃，每年参与活动的演员均在 2 000 人以上。

（三）老龄人参与文化阵地活动的意义

1. 幸福感明显增强

老龄人退休后，有较多的人参与到文化活动中，既丰富了他们的晚年生

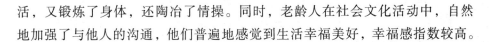

活，又锻炼了身体，还陶冶了情操。同时，老龄人在社会文化活动中，自然地加强了与他人的沟通，他们普遍地感觉到生活幸福美好，幸福感指数较高。

2. 对社会满意率提高

老龄人参与文化活动，也是老龄人了解社会、参与社会生活的一种重要渠道，他们在文化活动的参与中愉悦了身心，潜移默化中接受着社会主义核心价值的影响，心境更加开阔，对社会的满意度更加提高。

3. 公益宣传主力军

老龄人既是公共文化服务的受益者，也是公益文化宣传的主力军，他们主动学习时政，在自编自创的节目中，有较多的内容为宣传党和政府中心工作。在遂宁市送文化下乡演出的队伍中，也有不少老龄人参与其中，发挥余热。

二、老龄人文化生活阵地存在的问题

老龄人精神文化生活阵地虽然已经有了很大程度的改善，但是，仍然存在着一些不容忽视的问题和不足，需要在后期的发展中不断解决。主要体现在以下三点。

1. 总量不足

老龄人参加公共文化的室内、室外设施网络已经形成，但其总量与老龄人不断增长的数量存在着较大的差距。主要体现在：① 社区和村级公共文化设施尚不具备，仅有不到 10%的社区和村社建有文化活动室，还有相当数量的社区和村社的老龄人需要走较远的路程才能到达一个室内文化活动阵地；② 室外公共文化活动场所严重不足。除了屈指可数的少数几个城市文化广场外，较多的老龄人组建的业余文艺团体只能拥挤在街边人行道或绿化休闲带旁开展活动，既不利于其文化活动的开展，也造成了占用城市道路、噪音扰民等负面影响。

2. 潜在不足

遂宁市老龄人正呈现加速增长的势头，更多的潜在老龄人将不断地加入老龄人文化队伍中，已经呈现出总量不足的公共文化室内、室外设施将更加短缺。

3. 城乡不平衡

老龄人公共文化生活阵地及服务在城市和农村之间存在着较大的不平衡。遂宁市城市老龄人基本上能够在半小时内到达一个公共文化生活阵地，而农村老龄人有的则需要数小时才能到达；城市老龄人每月均可以享受到免费的文化培训、辅导、鉴赏等公共文化服务，而农村老龄人很多一年也享受不到一次公共文化服务，文化生活单调。

三、对策建议

1. 加快公共文化基础设施建设

根据遂宁市委六届二次全会精神，遂宁市公共文化基础设施在"十二五"期间将有一定程度的改善和提高。市级文化馆、图书馆、博物馆、大剧院、体育中心等公共文化设施将陆续开工建设，各区县两馆、乡镇综合文化站的建设也已经纳入规划内容，老龄人精神文化生活阵地建设将会有一个较大的飞跃。建议：① 与城乡经济建设同步规划建设城市社区、农村村社文化活动室，逐步形成遍布全市城乡的公共文化设施 15 分钟文化圈；② 将老龄人室外文化活动阵地建设纳入城市建设总体规划，本着大小分布科学合理的原则，规划建设总量与老龄人人口总量相适应的室外文化活动阵地。

2. 加快公共文化服务内容建设

提升各级公共文化服务机构的服务质量和服务水平。不断改善提高各级公共文化服务机构，特别是各级博物馆、公共图书馆、美术馆、文化馆（站）的设施设备，提高其公共文化服务水平。建议：① 实行公共文化服务从业人员资格准入制度，严把人员入口关；② 加强公共文化服务从业人员的业务培训，从业人员每两年参加一次省级以上的专业培训，并考核合格，以提高其服务水平。

3. 开放机关事业单位公共文化设施

整合各机关事业单位的公共文化设施资源，本着资源共享的原则，逐步开放其公共文化室内、室外场所，供周边老龄人共享。建议：将各机关事业

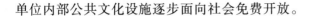

单位内部公共文化设施逐步面向社会免费开放。

4. 搭建更多公共文化活动平台

各级政府要结合当地历史文化的实际，在传统节日、庆典活动期间，搭建更多的公共文化活动平台，让老龄人享受更加丰富的公共文化服务。建议：① 组织开展更多植根民间的文化品牌活动，既弘扬优秀民族文化传统，又丰富老龄人精神文化生活；② 充分发挥老龄人的特长爱好，组织开展更多的送文化下乡活动，如文化进社区、文化进校园、文化进企业、文化进军营等公益性文化活动，使老龄人老有所为，发挥余热，教育社会。

遂宁市农村文化工作有关问题的调研

2005 年，是文化部确定的"农村文化年"，也是遂宁市委、市政府提出构建"文化遂宁"战略目标的第一年。为有针对性地加强农村文化工作，市文化馆部署和组织开展了对全市农村文化工作有关问题的调查研究，在了解掌握目前农村文化工作的现状和存在的主要问题的基础上，研究提出进一步加强该市农村文化工作的对策建议。

一、基本情况

（一）农村人口的结构情况

截至 2004 年，遂宁市现有农业人口 302.91 万，占全市总人口 384.27 万的 78.83%。据抽样调查：在总人口中，男性占 42.1%，女性占 57.9%；60 岁以上老人占 13.1%，14 岁以下儿童占 24.2%，其他占 62.7%。农村文化的服务对象众多，服务前景广阔。

（二）乡镇文化机构、人员及工作现状

调查表明：遂宁市 105 个乡镇，除个别外都建立了宣传文化服务中心，绝大多数的服务中心均配备了一名专职文化干部，也有个别服务中心的工作由党政干部兼职。目前，乡镇宣传文化服务中心在人少、事务多的情况下，尽力开展一些工作。经调查测评，群众对乡镇宣传文化服务中心的工作满意的达 21.3%，基本满意的为 74.6%，不满意的有 4.1%。

（三）农村群众文化活动状况

多数地方的群众文化活动一般化，少数地方开展得较差，也有的地方开展得有声有色。采取的主要活动方式有：文艺演出、舞龙舞狮、扭秧歌、打腰鼓、放电影、川剧座唱、跳健身舞、科技讲座和书画、体育活动等。但也有的农村朝山敬香、玩麻将成风，占据了业余生活的很大空间。

（四）农民文化消费情况及其发展趋势

据调查：遂宁市农民每年用于文化消费的支出占年总收入的比重不到10%。如船山区去年农民人均收入 2 495 元，用于文化消费仅 114 元，占 4.57%；射洪县的金华、太和、仁和、广兴、柳树、天仙、大榆、金家、官升等九个乡镇，去年农民人均收入 2 800 元，用于文化消费也只有 240 元，占 8.5%。农民文化消费的构成是：影视占 30%，棋牌占 50%，文娱活动占 15%，体育活动占 4.5%，其他占 0.5%。经调查测评，农民文化消费发展趋势为：影视、歌舞、曲艺、体育运动、科技讲座、计算机网络等。

二、当前制约农村文化工作发展的主要问题

（一）党政重视不够

调查中，普遍认为基层党政对农村文化工作的认识不到位，没有将此摆上整体工作的"盘子"统筹狠抓落实，没有"硬指标"进行检查和考核，致使农村文化成了可有可无、可深可浅、无人问津的"冷门"工作。

（二）政府投入较少，文化活动阵地、设施不能适应实际需要

调查结果表明，政府对农村文化的投入严重不足，不少地方处于"办公无场所、工作无阵地、活动无设施、经费无保障"的"四无"困境。如：船

山区农民从事文体活动一般都在中小学操场、十字路口等处，自带器材进行；安居区 95%以上乡镇宣传文化服务中心没有活动阵地，没有设备设施，没有开展活动的筹钱门路。特别是农村税费改革后，政府对农村文化的投入更少，绝大多数乡镇宣传文化服务中心只得依靠财政少量拨款，千方百计自筹资金维持工作的正常运转。

（三）农村文化干部队伍缺乏凝聚力和战斗力

主要原因是乡镇专职文化干部普遍存在"待遇低、工作条件差、业务素质不高"的问题。在调查中了解到：乡镇文化专干工资实行差额拨款，财政给 60%，其余 40%自筹资金解决，而且养老保险、医疗保险问题也未能彻底解决；同时，乡镇文化专干的工作、生活条件艰苦，因经费紧张而尚无业务培训、深造的机会等，都影响着这支队伍的稳定，制约着工作的开展，影响了农村文化工作的实效。

（四）活动形式单一，群众文化消费意识不强

由于市、区县、乡镇文化机构对农村文化活动缺乏指导，对农村新出现的文化现象缺乏引导，对农民群众中蕴藏的文化热情缺乏挖掘，使得不少地方群众文化活动仅停留于一般性的舞龙、舞狮、打腰鼓、扭秧歌等。此外，在调查中还发现：随着广大农村温饱问题的解决，农民对不同层次的文化需求与日俱增，但"缺钱"这个最大的问题严重窒息了农民群众文化消费的积极性。据船山区调查，由于农村电影业的萎缩，科教电影逐渐远离农民，群众的求知、求富、求乐方面的支出也有所减少。

三、加强新形势下农村文化工作的几点建议

（一）党委、政府要将农村文化工作摆上重要日程，实行目标管理

加强农村文化工作，既是贯彻"三个代表"重要思想、推进"文化遂宁"

建设的有机组成部分，又是实现遂宁发展新跨越、全面建小康的重要内容。各级党委、政府一定要牢固树立科学发展观和正确政绩观，坚持以人为本，统筹城乡发展，科学地确定和下达农村文化工作任务并纳入各级党政目标管理，加强督促、检查和考评，确保加强农村文化工作的政策措施真正落到实处，确保农村文化工作取得预期实效。

（二）各级政府加大投入，为农村文化工作正常开展创造必要的条件

中央历来都把文化馆、站作为公益性事业单位。为农村文化工作提供必要的保障条件，也是各级政府的一项重要职责。因此，要根据国民经济和社会发展的状况，相应地加大对农村文化工作的投入。尤其是农村税费改革之后，乡镇财政十分脆弱，县区及以上各级政府都应在资金安排上适当倾斜，通过转移支付方式给予农村文化工作必要的帮扶，使之逐步走出困境。要在农村小城镇建设中，将乡镇文化活动阵地和基础设施建设纳入统一的规划，并尽最大努力分步实施，使乡镇宣传文化服务中心彰显其名副其实的职能，让农民群众开展喜闻乐见、丰富多彩、健康有益的文化活动有一块阵地。

（三）落实待遇，改善条件，加强培训，注意发挥农村文化干部队伍的重要作用

这是新形势下加强农村文化工作非常重要、亟待解决的问题。当前，全市乡镇宣传文化服务中心尚未建立的必须尽快建立，文化专干未专职的必须真正地"专"起来，文化干部的工资和按政策应享受的津补贴必须由财政予以保障；乡镇宣传文化服务中心无办公场所的要尽快给予解决，并逐步改善文化干部的工作、生活条件；市文化馆、区县文体局要分期举办培训班，并派业务骨干深入农村，认真抓好乡镇文化干部、农村业余文化爱好者的业务培训、辅导和指导工作；各级财政要将解决上述问题所需经费纳入预算，务求兑现到位，确保各项措施落实见效。

（四）创新文化活动方式，积极引导农民群众对文化的参与和消费

要加强调查研究，善于发现、发掘农村群众喜闻乐见、健康向上的文化活动方式，并及时加以规范、引导和推广，使之更好地发挥效益。要根据农民群众日益增长的文化生活需求，适时研究、开发一些寓教于乐、多档次、不同品位的文化活动题材，激发人们的消费热情，更好满足不同层次人群的文化消费需求。要深入开展送文化下乡活动，由文化部门将文艺演唱资料收集、编印下发给农村群众学习、表演，组织文艺小分队分赴村、社、院落举行文艺演出等，从而增强农民群众对文化的参与和消费意识，为农村文化工作深入发展奠定坚实的基础。

遂宁市新农村文化建设现状及措施

一、遂宁市农村文化建设现状

遂宁市委、市政府十分重视新农村文化建设，2003年，市委办公室、市政府办公室转发了《市文化局等五部门关于进一步加强全市基层文化建设的实施意见的通知》（遂委办〔2003〕15号），对遂宁市开展农村文化工作具有很强的指导意义。按照文件精神，遂宁市文化局与相关部门通力合作，着力推进基层重点文化工程建设，组织开展形式多样的农村文化活动，积极培育农村文化市场，广泛开展文化下乡活动，使农民群众精神文化生活得到了较大改善，农村文化建设呈现出较好的发展局面。

目前，遂宁市农村社会文化事业发展平稳，101个乡镇均建立了宣传文化中心，文化设施不断改善，阵地建设得到加强；"文化下乡活动"持之以恒，文化服务不断加强，文化干部队伍不断壮大，素质不断提高；优秀的文化产品不断充实，村村通广播电视工程基本完成；农村公共文化服务体系初步形成；农民群众精神文化生活得到进一步提高，新的文化管理机制即将产生。

二、农村文化建设的基本状况、主要特点

（一）基本状况

1. 文化网络日趋完善

遂宁市共成立乡镇宣传文化中心105个；文化队伍进一步壮大，全市现有文化干部329人，其中农村文化专兼职干部109人，实现了乡镇都有宣传文化服务中心、多数乡镇配有文化干部的目标。

遂宁市、县、乡文化网络日趋完善，为农村文化工作的顺利开展奠定了坚实的基础。

2. 基层文化设施建设进展明显，乡、村文化活动场所明显改善

公共文化设施是开展群众文化活动，传播先进文化的重要阵地。"十五"以来，遂宁市积极推进市、县博物馆、图书馆、文化馆建设，并以创建省级示范性宣传文化中心为契机，狠抓农村基础文化设施建设。截至目前，全市共新建文化设施 12 947 平方米，迁建文化设施 2 500 平方米，全市投入文化设施建设资金达 3 930 元，这些文化设施建成投入使用初步改变了遂宁市文化设施落后面貌，为遂宁市农村文化工作奠定了一定的物质基础。

3. 基层文化活动的形式更加丰富

一是努力办好乡镇宣传文化中心，加强和拓展宣传文化中心功能，使其成为向广大农民群众宣传党和国家方针政策、法律法规的宣传中心、传播现代科技知识的科技中心、开展丰富多彩健康有益的群众文化活动中心；二是努力推进"2131"工程，搞好农村电影发行放映工作，深入开展送文化下乡活动；三是组织节假日文化活动，活跃农民群众的文化生活；四是加强民间艺术之乡、特色艺术之乡的创建和巩固工作，取得了显著成绩。遂宁市射洪县被国家文化部命名为全国先进文化县，蓬溪县被命名为"中国书法之乡"，船山区南津路办事处被命名为"中国民间艺术（龙舞）之乡"，安居拦江、射洪柳树、蓬溪天福、大英隆盛等 10 个乡镇先后创建为省级、市级"特色文化乡镇"，射洪金华、大英智水、蓬溪蓬南、安居分水等 7 个乡镇先后建成省级示范性宣传文化中心。2006 年，大英县卓筒井深钻汲制技艺被列入国家第一批非物质文化遗产保护名录。

4. 开展丰富多彩的群众文化活动

① 在遂宁市农村，每逢春节、端午、中秋等传统节日，群众文化活动都比较活跃，广大群众和民间艺人采取自娱自乐的形式，举办丰富多彩的群众性文化活动，如舞狮、耍龙、莲宵、旱船、秧歌等，既展示了传统艺术，又宣传了党的政策方针。市川剧团、市文化馆经常送文化下乡，也吸引了无数农民；② 农村文化活动室阵地活动越来越丰富，改变了以往以麻将、扑克、象棋、围棋、台球为主要内容的格局，大部分乡镇都不同程度地开展了群众

歌舞、健身、图书及政策宣传等活动。

5. 遂宁市蓬溪县在全国率先提出建设社会主义文化新农村构想，引起中央、四川省、遂宁市有关部门、专家学者高度关注

构想以解放思想、释放文化力、解放生产力入手，以"中国书法之乡"集散地、"蓬溪·中国自然经济文化保护区"、泥浴之都、高峰山道家文化村、宝梵寺泉水湾文化景区、高坪川中陶都、金桥生态文化景区等项目，规划富有文化特色的"五镇百村"农村文化产业带。实现"农村经济文化化、农村文化经济化"和"农村社会文化化、农村文化社会化"。2007年，建设试点工作全面展开。

（二）遂宁市农村文化建设的主要特点

1. 大部分属于自发性的自娱自乐活动。
2. 文化活动主要集中在重大节日，如"春节""五一""元旦""十一"等。
3. 各种娱乐活动大都以乡镇为单位进行，村社一级活动较少。
4. 资金来源主要靠乡镇财政和村级组织经费解决。
5. 管理方式大都以农民自愿为原则，管理相对宽松。

三、遂宁市农村文化工作存在的不足

1. 基层一些地方对农村文化工作认识不足、重视不够

一个地方农村文化建设比较落后，既有历史的、自然的、经济的原因，也与地方领导在工作上存在着"一手硬、一手软"问题有一定关系。实践证明，在认识到位、领导重视的地方，农村文化工作普遍开展得好，反之，则农村文化情况堪忧。

2. 农村文化建设经费投入严重不足

长期以来，农村文化事业投入不足的问题非常突出，在很大程度上制约了农村文化事业的发展。在遂宁市，一些县级图书馆没有购书经费，文化馆缺乏事业经费和活动经费，许多乡镇文化站没有固定的经费来源，行政村文

化建设普遍无资金保障，无法开展必要的群众文化活动。农村文化建设多元化投入方式和机制尚未形成，单纯依靠政府投入的状况仍未改变。

3. 农村文化设施总量不足，设备陈旧落后，不能满足群众开展文化活动的需求

截至 2009 年，该市仍有两个区无文化馆、图书馆，全市农村相当部分无文化活动室，文化设施几乎是空白。大部分县乡文化设施陈旧、破烂亟需维修、改建，城市社区室内文化活动场所严重缺乏。还有一些文化设施建成后疏于管理，不能正常运转，造成资源闲置和浪费。

4. 农村文化队伍建设亟待加强

基层文化队伍存在人员数量少、年龄结构不合理、业务水平和文化素质低、人员待遇低甚至待遇未得到落实、人才流失严重等问题。一些地方机构改革后，出现了乡镇文化站被撤销、编制缩减、人员下岗无人理事、甚至安排根本不懂文化的人员管理文化工作等问题，严重影响了当地文化工作的开展。

5. 市基层文化单位改革力度不够，适应新时期基层文化工作要求的管理体制和运行机制尚未建立

当前该市基层文化单位改革和发展的任务十分繁重，一些文化单位人浮于事，管理混乱，工作效率低下，而急需文化工作人员的乡镇却缺编制、缺人员；一些社区、乡镇文化工作形式陈旧、单一，手段落后，对群众缺乏吸引力，难以满足人民群众的文化生活需求，有的乡镇和社区习惯于搞一点临时性文化活动，不是扎扎实实抓基础性工作，农村文化工作在乡镇还未能形成中心，没有辐射能力，也更谈不上真正实现"进村入户"；一些基层文化工作人员观念陈旧，缺乏改革和创新意识，知识老化，不能适应新时期基层文化的需求。

四、农村公共文化服务体系建设的主要思路、作法、措施

1. 遂宁市农村公共文化服务体系建设的主要思路

遂宁市农村公共文化服务体系建设的主要思路是农村公共文化服务体系

建设应以政府投入为主，社会资金为辅。① 加强乡镇宣传文化中心建设，改变设施落后的局面，为繁荣文化提供平台和阵地；② 按"十一五"期间要求，实现每个乡镇有宣传文化中心、每个村有文化活动室的目标；③ 加强农村文化队伍建设，大力培养农村文艺骨干人才；④ 不断健全和完善县、乡、村三级文化网络，实现文化信息资源共享工程县、乡、村三级中心；⑤ 以抓小康文化示范村、社、户创建为抓手，广泛开展农村特色文化的创建活动，重点培育文化示范村、户，在全市农村文化建设中起模范带头作用。

2. 遂宁市农村公共文化服务体系建设的主要做法

坚持"多予少取放活"的原则，加大政府投入，调整资源配置，深化体制改革，加强文化基础设施建设，实现和保障农民群众的基本文化权益。如"送书下乡""送科技下乡"，每个自然村建设一个图书室、篮球场等。

3. 遂宁市农村公共文化服务体系建设的主要措施

① 政府重视，财政支持；② 壮大文化队伍，提高队伍素质和服务意识；③ 扩大宣传，调动农民自觉自办农村文化积极性；④ 结合社会主义新农村建设的有利时机，整顿村风、民风，形成勤劳、好学、积极健康向上的心态；⑤ 开展农村文化干部培训，提高农村文化专干素质，使其在农村文化活动中起到领头羊的作用；⑥ 培育 1~2 个农村文化户的典型，使其在农村文化户建设中起到模范带头作用。

4. 政府在农村文化工作中应如何发挥作用

① 政府财政必须加大对农村文化建设的经费投入力度，特别是农村文化设施的完善和活动经费的落实。另外，在各级党委、政府的大力支持下，把农村文化建设纳入当地经济和社会发展规划，下大力气不断加强乡镇宣传文化中心、农村文化社和文化户建设的同时，采取各种有效措施，制定多种优惠政策，指导和扶持农民以"自办"的方式，发展"社、户文化"，通过职能的转变，积极引导农村文化社会办，群众文化群众办；② 充分利用全国文化信息资源共享工程建设项目，向农村文化建设倾斜；③ 从服务"三农"的角度出发，政府应多开展"三下乡"活动，为农村图书馆、阅览室增添农民喜爱的文化、科技书籍；为农村文化演出增添相应的一些配套设施设备，如送文化下乡服务车、电影放映车等，以提高农村文化活动层次。

5. 如何完善农村文化激励机制？

完善农村文化激励机制，建议政府部门可设立文化服务奖励基金，用于以下几个方面：① 对在农村文化建设中做出突出贡献的先进单位和个人给予奖励和表彰；② 定期举办全市农村文艺汇演（政府建立奖励资金）；③ 为鼓励民间艺人多出精品，多创作，专门制定针对民间艺人开展艺术创作的基金，对获奖者给予重奖；④ 定期召开民间艺人座谈会，采取以会代训，举办培训班等形式，加强对民间艺人的教育和培训。

新时期文化馆长应具备的三种思维

进入 21 世纪，世界经济的全球化趋势以不可阻挡之势加速发展；互联网的广泛应用大大缩短了世界的距离，让广阔的地球变成了一个"村庄"；各种文化与思潮伴随着经济与高科技的发展相互交流激荡；科技进步日新月异……这一系列的变化给我国计划经济体制下成长起来的各级文化馆带来了巨大的冲击：新的历史条件下文化馆的目标任务是什么，如何完成文化馆的职能的转变，实现新职能的方式和途径是什么，基层群众文化如何开展，如何构建农村群文工作的可持续发展的新模式，文化产业的结合点在哪里，等等。面对这一系列的新的课题，各级文化馆馆长都需要在新时期党的理论的指导下，在文化馆工作的实践中不懈探索，走出一条新时期文化馆发展的新路子。而在这一探索与实践的过程中，笔者认为各级文化馆长都应当转变过去的计划思维模式，重新培养自己以下三种思维。

一、战略思维

随着我国社会主义市场经济体制的不断发展和人民群众生活水平的提高，人们的文化生活不断丰富，人们对文化的需求也呈现出多样化的特点。过去各级文化馆的服务手段和方式趋于陈旧，对人们宣传教化的作用大大降低；在近些年的文化体制改革中，各省、市的群众艺术馆按改革精神纷纷更名为文化馆，体现了各级文化馆职能调整中的一种思路，即是将文化馆的内涵拓宽到广义的群众文化的领域；新一轮的文化体制改革，把国办专业艺术团体几乎全部推向市场，使群众文化成为各地的文化主流。作为政府设立的从事群众文化工作的专业机构，应义不容辞地担当群众文化的组织者和主导者，理所当然担负起当地群众文化事业发展的重任。因此，作为一个新时期的文化馆长，必须树立全局的意识，以发展的眼光、战略的思维，谋划当地群众文化事业和相关文化产业的改革与发展。

在公益性群众文化事业的发展方面，要紧紧沿着先进文化的前进方向、建设民族的科学的大众的文化发展目标，以系统思维的方法，整合当地的政策、经济、技术，对文化馆的阵地建设、队伍建设和业务建设做出科学的预测和规划，创新工作思路和管理机制，逐步培育建立群众文化工作开展的富有活力的新型工作模式。

在文化产业发展方面，以文化馆工作职能的延伸为突破口，以市场为导向，寻找事业发展与产业拓展的结合点。遵循市场经济的规律，树立科学的发展观和可持续发展观，制定符合自身实际的产业发展的短期、中期及长远战略规划，做好文化产业项目的科学规划和产业项目的市场调查和项目论证，集中馆内资源，利用自身优势，培养支柱性产业品牌项目。灵活产业机制，培养产业项目的核心竞争力。科学规划，科学决策，既不停留在一次性盈利的短期行为上，也不急躁冒进急于求成。

二、因地制宜的思维

在世界文化的交流激荡中，人们发现各地文化并没有因为外来文化的大量涌入而趋于一致，恰恰相反，不少地区的文化反而更加表现出其独特的个性，由此，人们发现只有民族的才是世界的。在我国，几千年的中华文化在其发展的进程中，在不同的区域，由于其地理环境、历史文化、人文习俗及人们生活方式的不同，表现出不同的文化特质。因此，作为以群众文化为工作对象的各级文化馆在工作中不能照搬外地的经验，更不能硬套国外模式，文化馆长应当培养因地制宜的思维。

改革开放以来，国外文化的大量涌入，对我国民族文化形成了强大的冲击波，一些群众对外来文化表现出一种盲目崇拜的心理，而一些文化馆也一味迎合这一心理，将本地的民族民间文化弃置一旁，致使大量有深厚群众基础的优秀的民族民间文化流失。近年来的实践已经证明，外来文化只有融入地方文化之中才能生存，否则将会是无源之水。因此，各级文化馆在群众文化的组织、辅导中，要牢牢树立因地制宜的意识，将党和国家的方针政策及外来文化融入地方文化中，才能培养出独具特色的地方文化。

同时，文化馆的工作方式和群众文化的发展模式也要因地制宜。群众对文化的需求及满足这种需求的服务方式是与其地域文化有着密切联系的。因此，文化馆在满足群众的文化需求的工作方式上也应该因地而异，具体问题具体分析，从群众需求的文化产品的内容、品位的高低、引导的主流方向及文化产品的类别等各方面进行综合分析比较，这样才能找一条适合本地群众文化事业和文化产业发展的最佳路子。

三、与时俱进的思维

经济基础决定上层建筑。文化将随着经济、社会的发展而发展。在我国社会主义从计划经济向市场经济体制的转型期，文化也面临着新的升华，否则将阻碍社会、经济的发展。为此，文化馆长还需具备与时俱进的思维，使群众文化事业能始终走在时代的前列。在这方面，重点要处理好两个方面的关系：一是对传统文化的继承与剔除的关系。传统文化是在漫漫的历史长河中，在特定的历史条件下形成的，其中有人民群众的智慧结晶，也有落后封建的糟粕。对此，要以习近平新时代中国特色社会主义思想理论为指针，进行去粗取精，去伪存真的甄别，对优秀的民族民间文化予以保护，并进一步发扬；二是要处理好外来文化的甄别与吸收的关系。对外来文化既不能完全地拒之门外，也不能全盘吸收。要按照先进文化建设的要求，或消化吸收或排出体外。

此外，不管是传统文化或外来文化，都必须赋予其时代的新的内涵，这样的文化，才是有生命力的文化，建立在此基础上的群众文化工作和文化产业工作，才是与时代潮流相符合的工作，才是科学的有可持续发展前景的事业。

众创——公共文化供给侧改革的有效途径

"供给侧改革"自 2015 年 11 月习近平总书记在中央财经领导小组会议上首次提出以来，经济领域供给侧结构性改革全面开启。公共文化领域供给侧结构性改革也成为人们热议的焦点。公共文化领域供给侧结构性改革如何进行，各地公共文化部门进行了大量的有益的探索和尝试，取得了不少值得借鉴的经验和成果。在此，笔者仅从需求端的众创入手，对供给侧改革进行探讨，以期能为公共文化供给侧改革提供一条值得参考借鉴的新思路。

"供给侧改革"虽然是习近平总书记对全国经济工作提出的新要求，但在我国公共文化服务领域，同样存在着公共文化供给与不断变化的需求配置错位扭曲的问题，从而把公共文化领域的供给侧结构性改革提上了议事日程，引发了对公共文化供给侧结构性改革的思考和探索。

一、我国公共文化供给的传统模式

1. 供给渠道

我国的文化发展战略是一手抓文化事业，一手抓文化产业。文化事业政府来兜底，文化产业交由市场发展；文化事业发展主要满足公众的基本文化需求，文化产业作为文化事业的补充，用以满足公众多样化的文化需求。过去若干年以来，我国公共文化的供给渠道，主要沿袭了过去计划经济时期的计划经济供给模式，采取的是体制内的供给渠道。主要是政府文化事业单位根据自身的职能范围，面向公众开展公共文化服务，是供给面向需求的单向的单一渠道。

2. 供给结构

我国传统的公共文化供给因为是政府单一渠道的供给，所以它的结构比较简单，不论是要素供给、产品供给还是服务供给，主要是体制内单位作为

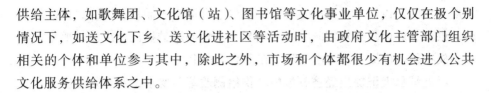

供给主体，如歌舞团、文化馆（站）、图书馆等文化事业单位，仅仅在极个别情况下，如送文化下乡、送文化进社区等活动时，由政府文化主管部门组织相关的个体和单位参与其中，除此之外，市场和个体都很少有机会进入公共文化服务供给体系之中。

3. 供给方式

文化事业单位在向公众供给公共文化时，普遍采取的方式有三种。一是阵地供给。文化事业单位在自己的阵地上开展阵地公共文化服务，如演艺团体的文艺演出、图书馆的借阅服务、文化馆的阵地培训等；二是流动供给。文化事业单位为了满足更多公众的文化需求，主动开展送文化下乡、送文化进社区等公共文化服务；三是广场供给。政府文化部门组织开展节庆活动等惠民活动，为了服务更多的群众，经常采取广场服务的方式开展文化服务。

4. 供给内容

文化事业单位向公众供给公共文化，都是根据自有存量内容来服务公众。如图书馆以馆藏图书和采购者考虑到的读者可能需要的新书作为供给内容；演艺团体则以存量的演出节目和计划的新排节目作为供给内容；文化馆则是根据现有师资情况考虑艺术培训计划，以馆内专业人员考虑辅导内容、以上级的工作安排和自主的服务认知来考虑文化活动的供给等。对供给内容公众的需求度则没有过多的考量。

二、公共文化供给侧改革的提出与探索

1. 公共文化供给侧改革的提出

传统公共文化供给渠道简单、结构单一、内容总量不够等弊端早已显现，已经越来越不能满足人民群众日益增长的文化需要。作为供给主体的文化事业单位时常苦恼于提供的产品和服务不是群众需要的，为此不断进行调研摸底，想清楚群众到底需要怎样的公共文化，以需定供。近几年来，公共文化服务要以群众的需求为导向的呼声此起彼伏，应者众多，国内众多公共文化事业单位纷纷响应。但是，实践发现，这只是一种工作思路，却不是最理想的解决办法。首先，群众需求千差万别，难以一一满足；其次，需求是不断

发展变化的，以需求来牵引供给，则供给永远滞后于需求；再次，以需求来确定供给，难以形成对需求的有效引导。这些问题的提出要求我们要把工作重心放在创新供给上，而不只是放在琢磨需求上。

习近平总书记提出经济领域的"供给侧改革"要求，对有效解决公共文化领域的供给与需求的矛盾指明了方向，各地文化部门更是主动对照，将经济领域"供给侧结构性改革"的思路引入公共文化服务中，思考公共文化领域如何进行"供给侧改革"，如何"去产能、去库存、补短板"等问题，从而全面开启了公共文化领域中供给侧结构性改革的积极实践。

2. 公共文化供给侧改革的探索

公共文化领域供给侧改革的实践探索中，各地文化部门结合自身实际，进行了大量可贵的探索，可谓是千姿百态、异彩纷呈。归结越来，大致可以概括为三个方面内容。

（1）供给主体不再单一。打破了过去只由文化事业单位作为供给主体，承担公共文化全部供给的局面。2015 年，文化部、财政部、新闻出版广电总局、体育总局联合下发《关于做好政府向社会力量购买公共文化服务工作的意见》（以下简称《意见》），拉开了社会力量参与公共文化服务的帷幕。《意见》将依法登记的社会组织、相关事业单位以及文化企业、文化机构等社会力量全部作为公共文化的供给主体，将过去单一的供给主体扩展成为多元化的供给主体。与之相配套，各省市县相继出台贯彻文件，一些地方还制定出台了《政府购买公共文化服务管理办法》，把《意见》落到了实处。

（2）供给渠道更加多样。① 公共文化与互联网技术的不断融合带来了新渠道。随着"互联网+"的深入推进，"互联网+公共文化服务"也得到了很好的探索，传统的公共文化服务通过"互联网+"的形式，大大拉近了公共文化服务主体与公众的距离，提升了服务效能。线上线下的良性互动使更多的群体能够便捷地享受到公共文化服务。如上海的"文化云"、重庆的"文化物联网"等，使公众能够通过互联网络和移动网络快捷地接受公共文化服务。② 各项文化惠民政策增多了公共文化供给渠道。以笔者所在的四川省遂宁市为例，在近些年国家政策指引下，公共文化的供给渠道不断多样化：一是高端文化有鉴赏。每年文化部门通过政府购买服务，邀请国际国内的专业演艺团体的惠民演出活动都在 6 场次以上，如每年元旦举办的新年音乐会都是邀请国际国内交响乐团前来演出；每年不同时节，还邀请了国内、省内如国家京剧院、四川省曲艺研究院、阿坝州民族歌舞团等来遂惠民免费演出。群众文化有平台。文化部门搭台，群众广泛参与的"遂宁市百佳千星群众文化节"贯穿全年，四大板块八大主题活动深入到乡镇社区，成为当地群众乐于参与的群众文化品牌活动；二是逢年过节有活动。春节、元宵、中秋等传统节日的活动，采取政府与民间团体共同参与的方式，营造良好的节日氛围；三是文化下乡有队伍。政府主导社会参与，形成了市、县区文化部门示范性开展，购买社会力量参与送文化下乡活动和鼓励社会组织自发开展送文化下乡活动有机结合，使文化下乡活动空前活跃。

（3）供给内容更加丰富。供给渠道的多样使供给内容更加丰富。政府购买的高端鉴赏的演出活动，使公众看到了原来只有在电视中才能看到的高水平舞台艺术的演出，看到了只有在大城市才能够看得到的高水平书画展览活动，使当地的艺术活动更加普及，公众参与更加便捷，也使基层群众的自创作品有了展示的平台，供给内容达到空前丰富。

3. 公共文化供给仍存在的问题

各地公共文化供给改革的实践虽然很大程度盘活了公共文化供给的存量，大幅增长了公共文化供给的增量，但是要较好解决公共文化供给与需求的矛盾，仍然存在着一些需要解决的问题。

（1）动力缺乏致使后劲乏力，持续性较弱。公共文化供给侧改革需要公共文化事业单位、文化企业、社会组织和公民个人共同发力，才能有效增加供给。但是，公共文化供给的公益性质决定了它以社会效益为主，经济效益相对较低的基本属性，文化企业、社会组织和公民个人要在公共文化供给中赢得利益以实现持续发展面对较大压力。因此，国家应当出台相应的政策措施，对参与公共文化供给的企业、社会组织和个人给予税收减免、荣誉制度、奖励政策等支持和鼓励，从经济和社会角度给予参与者以持久动力。

（2）供需脱节造成资源浪费，效率低下。供给侧改革如果不与公众需求密切联系，一厢情愿地向公众提供公共文化资源或服务，很容易造成资源浪费和效率低下。如各地开展的送文化下乡活动，就出现了不考虑当下农村农民的实际情况，盲目大量地组织送文化下乡演出等现象。而当前四川省大多数农村普遍存在着农村人口向城镇转移或大量外出打工的现状，农村实际在家人员老年人和儿童为主，一个有着 2 000 人口的村，平常在家人口仅百余人，且居住分散，进村演出常常出现观众没有演员多的现象。"2131"农村电影放映工程也是如此，甚至有播放电影只有村主任 1 人观看的情况，造成了不必要的资源浪费，这些现象也降低了公共文化的服务效率。

（3）创新不足造成参与不高，吸引力不够。文化工作是一项创意性的工作，一项初期很有吸引力的公共文化供给资源或活动，还需要在供给过程中不断创新思路、创新服务，才能不断吸引公众热情参与。但是，在公共文化供给中，经常出现一个活动连续举办多年，但活动从形式到内容一成不变，致使公众审美疲劳，参与热情下降，活动的吸引力越来越低。

三、众创——公共文化供给侧改革的有效途径

公共文化供给侧结构性改革是一项庞大的系统工程，在改革过程中必然存在着各种各样的问题，需要不断探索前行。作为公共文化这一特定范围的供给，应当更加注重为社会公众、社会组织和市场主体搭台，吸引更多的民间文艺工作者、文化爱好者、各类社会组织和企业参与进来，多渠道、多路径做好公共文化供给与需求有机衔接这篇文章，使公共文化供给体系更加丰富、更加完善。

结合目前公共文化供给与需求之间存在的真空地带，笔者认为，可以引入经济领域"众创"的思路，弥合公共文化供给与需求之间的空白。

1."众创"思路在公共文化供给中的导入

众创的提出源于"大众创业、万众创新"。所谓"众创空间"是指为顺应大众创新趋势，把握全球创客浪潮兴起的机遇，根据互联网及其应用深入发展、知识社会创新 2.0 环境下的创新创业特点和需求，通过市场化机制、专业化服务和资本化途径构建的低成本、便利化、全要素、开放式的新型创业公共服务平台的统称，本质上是知识社会条件下创新民主化的展现。

"众创空间"作为一种新事物，它的出现顺应了时代要求、科技发展和市场需要。作为一种公共服务平台，其开放、协作、结合、便利等特点同样适用于公共文化供给侧改革。可以借用众创空间的构建理念，政府引导，社会参与，开创公共文化的众创空间，调动社会组织、企业和个人等社会资源和

力量，为公共文化供给增添新的生机与活力。

2."众创"应用于公共文化供给中的做法思路

结合公共文化供给和"众创"的特点，笔者认为把众创理念导入到公共文化供给中，至少可以有以下几种路径。

（1）制定公共文化供给众创标准。以国家和各省、市公共文化服务标准为基本标准，按照标准化、均等化、社会化的公共文化服务要求，将符合基本原则的内容均纳入公共文化众创范围之内，给社会参与提供更大的创新、创造空间，激发社会创造活力。

（2）每年征集公共文化服务众创方案。对照标准，将社会效益放在首位，按照公开公平的原则、扩大供给的原则、便民利民的原则以及创新吸引人气的原则，评选出年度公共文化服务众创项目前十名，并给予扶持实施。具体可以采取资金支持项目实施、给予项目条件支持、项目执行资金补助、购买项目服务、联合实施项目等多种方式。

（3）设立公共文化服务众创超市。将各类公共文化服务众创项目集中在虚拟或实体超市中，支持公共文化众创项目进入市场，按照市场机制，扩大市场供给。

3."众创"可以解决公共文化供给的问题

通过公共文化项目"众创"，可以有效解决目前公共文化供给中的三大问题。

（1）解决创新不足的问题。一切创新创造的源泉来自人民大众，群众的智慧是无穷的，蕴藏在广大群众中的聪明才智是公共文化服务不断创新的源泉。众创可以充分调动民间智慧，使公共文化供给能够常供常新，具有无限的生机与活力。

（2）解决供需脱节的问题。来自群众的公共文化服务众创项目，最能满足老百姓的需要，比我们在办公室中挖空心思地空想更加符合群众需求，比发放若干的公共文化需求调查表格来得更加真实。

（3）可以有效解决供给动力不足的问题。"众创"是让老百姓直接参与公共文化供给的设计之中，自己设计，政府支持，自己参与组织实施。项目成功实施之后，会让项目提供者有着较大的成就感和满足感。会吸引更多的民间文艺爱好者和文化能人参与其中，为公共文化供给提供源源不断的人才支撑和创新动力。

站在新起点　开启新航程

——新时代中国特色社会主义建设中文化馆的新使命

金秋十月，党的十九大胜利召开。在党的十九大报告中，习近平总书记用了较长的篇幅，系统阐述在中国特色社会主义新时代，我国文化发展的历史使命、行动纲领以及战略路径。为建设新时代中国特色社会主义文化指明了方向。认真学习领会并宣传贯彻党的十九大精神，是历史赋予我们每一个文化工作者的新的历史使命。

党的十九大将对文化的认识和重视，提高到一个新的高度。在三个方面尤其突出：一是将中国特色社会主义文化首次写入《中国共产党章程》，体现了党对中国特色社会主义内涵的新认识，认识到"文化自信是一个国家、一个民族发展中更基本、更深沉、更持久的力量"；二是对文化赋予了更高的历史重任。报告指出，中国特色社会主义进入新时代，我国社会主要矛盾已经转化为人民日益增长的美好生活需要和不平衡不充分的发展之间的矛盾；三是更加坚定文化自信。认识到"文化是一个国家、一个民族的灵魂。文化兴国运兴，文化强民族强。没有高度的文化自信，没有文化的繁荣兴盛，就没有中华民族伟大复兴"。

将中国特色社会主义文化写入党章，与党的十八大以来"五位一体"的总体布局一脉相承。经济建设是根本，政治建设是保证，社会建设是条件，生态文明建设是基础，文化建设是灵魂。在"五位一体"总体布局中，文化建设是不可或缺的主要内容之一。只有坚持"五位一体"建设全面推进、协调发展，才能形成经济富裕、政治民主、文化繁荣、社会公平、生态良好的发展格局，才能把中国建设成为富强民主文明和谐的社会主义现代化国家。把中国特色社会主义文化写入党章，更加充分地说明了中国特色社会主义文化的重要地位，是习近平新时代中国特色社会主义思想的重要组成部分。

习近平总书记在十九大报告中指出，中国特色社会主义进入新时代，我国社会主要矛盾已经转化为人民日益增长的美好生活需要和不平衡不充分的发展之间的矛盾。满足人民过上美好生活的新需要、新期待，文化需要占有十分重要的比重。我们必须提供更加丰富的精神食粮，必须加快构建现代公共文化服务体系建设，高度重视文化产业的发展，实现文化产业与文化事业的双轮驱动，繁荣发展社会主义文艺，为人民群众提供更多更好的文化精品，才能不断满足人民群众日益增长的美好生活的文化需要。

坚定文化自信，推动社会主义文化繁荣兴盛。这既是来源于对中国传统文化传承与发展的根基的高度文化自信，也是来源于党的十八大以来我国文化大发展大繁荣成果带来的高度文化自信。中华文化具有强大的包容性，求同存异，兼收并蓄。5 000多年以来的传统文化积淀，为新时代的文化发展提供了取之不尽、用之不竭的灵感源泉和丰厚滋养。改革开放以来，我国文化发展取得巨大成果，特别是党的十八大以来，公共文化服务水平不断提高，现代公共文化服务体系正在形成；文艺创作持续繁荣；文化产业蓬勃发展；文化体制改革成果突出。这些成就的取得，更加坚定了推动新时代中国特色社会主义文化繁荣兴盛的文化自信。

站在新的历史起点，文化馆人应当紧紧抓住文化发展的新机遇，认真学习并深刻理解党的十九大精神，明确历史赋予我们的新的使命，努力建设新时代中国特色社会主义文化。

第一，要深刻理解新时代中国特色社会主义文化内涵。要在深刻理解的基础上，用习近平新时代中国特色社会主义思想指引文化馆建设的方向，加快推动文化馆公共文化服务体系建设，让文化馆事业的建设和发展始终保持正确的政治方向。

第二，要用习近平新时代中国特色社会主义思想指导文艺创作。要坚持以人民为中心的创作导向，指导、引导广大文艺创作者在深入生活、扎根人民中进行无愧于时代的文艺创造。提升文艺创作水平，多出精品力作，让人民群众享受到越来越多的高质量的文化精神产品。

第三，要用习近平新时代中国特色社会主义思想指导文化馆事业发展。要进一步深化文化体制改革，建立健全理事会制度，提升公共文化服务水平，提高公共文化服务效能；不断完善现代公共文化服务体系，解决好文化馆公共文化服务不平衡、不充分等问题，努力实现文化馆公共文化服务标准化、均等化的目标，让文化更好地惠及人民。

第四，要用习近平新时代中国特色社会主义思想指导文化人才队伍建设。通过务实有效的工作，在努力开展全民艺术普及，提升文化人才队伍的整体水平的同时，发现、培养、造就一批德艺双馨的名家大师，培育一大批高水平创作人才。让艺术家成为党放心、群众喜欢、艺术精湛、德艺双馨的优秀人才。